나를 만든 말

일러두기

- 저자 고유의 글맛을 살리기 위해 일부 단어는 맞춤법 표기에 따르지 않고 살려두었습니다.
- 영화, 드라마, 프로그램명 등은 〈 〉로 표기하였습니다.

나를 만든 말

신소율 에세이

"♥♥ ♥♥♥ ♥♥♥ ♥♥♥♥"
...
        "♥♥♥ ♥♥♥♥♥"
    "♥ ♥♥♥♥♥ ♥♥♥"

"♥ ♥? ♥♥ ♥♥" 무수히 남겨진
"♥♥ ♥♥ ♥♥♥ ♥♥ ♥♥ ♥♥♥♥♥ ♥ ♥♥♥"
"♥♥♥ ♥♥ ♥ ♥. ♥♥♥♥" 말들의 기록
  "♥♥♥ ♥♥♥♥ ♥♥♥ ♥♥"

 "♥♥♥♥♥. ♥♥ ♥ ♥♥♥♥♥" ;
"♥♥ ♥♥ ♥♥ ♥♥♥♥"   *
  "♥♥ ♥♥. ♥♥ ♥♥" *
        *
"♥♥ ♥♥♥♥ ♥♥♥♥?"
  "♥♥♥ ♥ ♥♥ ♥♥♥"

"♥♥♥♥ ♥♥♥ ♥♥ ♥♥♥ ♥♥"
"♥♥. ♥♥ ♥♥ ♥♥♥ ♥♥♥ ♥♥♥"
  "♥♥ ♥♥♥♥. ♥♥"

필름

기억을 구성하고 추억을 회상케 하며,
감정을 증폭시키는 항구적 정서를 담은 말들이 있습니다.

말은 그저 사라지고 마는 것이 아니라
그 순간의 감정과 기억으로 남아, 나를 만듭니다.

"많이 했어. 많이 먹어."
할머니가 만들어 주시던 바지락칼국수의 냄새와 따뜻한 말.

"통닭이 길을 막고 내 다리를 붙잡더라고."
집에 있는 딸이 빨리 보고 싶어 잰걸음으로 서두른 퇴근길,
그냥 지나치지 못하고 사 온 치킨 봉투를 흔들며
미소 짓던 아빠의 얼굴과 다정한 말.

"올 한 해도 이렇게 잘 꿰어졌으면 좋겠다."
새 학년이 시작되는 날마다 항상 정갈하게 머리를 땋아주며
내 목덜미를 간질이던, 딱 기분 좋게 차갑던
엄마의 손가락과 바람을 담은 말.

"왔어?"

집으로 돌아오는 언덕을 오른 뒤 엘리베이터가 없던
빌라 입구에서 잠시 고르던 할아버지의 숨소리와
나를 반기던 목소리.

"좋아해요."

처음 누군가에게 마음을 고백했던 겨울, 말하기 힘들 만큼
입술을 얼게 한 차가웠던 공기와 두근거리던 말.

"함께 하시죠."

기다리고 기다리던 오디션 결과를 듣기 직전,
온몸을 차지하고 뛰어대던 심장 소리를 더 크게 울린 말.

"사랑해."

사랑을 속삭이는 반려자의 달콤한 말.

수많은 말들이 마음을 채워주었고 무수히 남겨졌습니다.
당신에게는 어떤 말이 남겨졌고,
어떤 말이 지금의 당신을 만들었나요?

추천의 글

저는 최근 8년 동안 이 책의 저자를 가장 근거리에서 바라본 사람입니다. 그렇기에 이 책을 완성하며 담은 그녀의 진심을 감히 증언할 수 있게 되었습니다. 인터넷의 발달로 인해 수많은 말들이 만무하는 지금 이때, 말의 소중함과 그 무게에 대한 화두를 던진 소율 씨에게, 말을 중요하게 생각하는 한 명의 독자로서 감사의 마음을 전하며, 많이 읽히기를 바라봅니다. 저의 어떤 말들이 그녀에게 남았듯, 철이 없었던 저를 조금이나마 괜찮은 사람이라고 느끼게끔 만들어 준 그녀의 말들이 저에게도, 여러분에게도 따듯하게 남았으면 좋겠습니다. 배우에서 작가로, 또 개인적인 저의 시선에서 늘 좋은 방향으로 변화하고 있는 그녀의 삶을 동행하며 한없이 존경하겠습니다.

_ 뮤지컬배우(이자 반려자) **김지철**

따뜻한 말 한마디가 그 사람의 인생을 구원할 수 있음을 매일 느끼고 반성하는 사람으로서, 이 책은 너무나 안온하게 제 마음의 경종을 울립니다. 작가는 인생의 여정에서 느낀 결핍과 불안을, 미처 치유되지 못한 아픔에 대해 덤덤히 고백합니다. 상처를 완전히 극복해서가 아니라, 수용하고 나아가는 과정 속에, 내면의 성숙과 잔잔한 행복이 있다는 것을. 여행의 모든 순간 나를 지탱해준 것들은 누군가의 말이 선물한 소중한 안식과 믿음이었음을 깨닫게 합니다.

"때때로 마음으로만 들리는 말들이 있다"고 작가는 얘기합니다. 눈에 보이지 않아도, 소리로 들리지 않아도, 누군가는 분명히 당신의 하루를 묵묵히 응원하고 있음을. 우리를 그토록 아프게 했던 것이 말이라면, 상처를 덮고 어루만져주는 것 또한 말이라는 것을.

_ 정신과 전문의 **박종석**

그녀에 대한 첫인상은 참 '섬세하다'였다. 참 곱고 가늘고 특히나 사람을 들여다보는 눈빛이 참 찬찬하고 세밀하다 느껴 인상적이었다. 그녀의 찬찬하고 세밀하게 삶을 들여다보는 시선이 참 소중하다. 거침없고 또는 폭력적인 말들에 지치는 요즘 그녀의 말의 기록이 마음을 평온하게 만들어주며 따뜻한 위로로 전해진다.

많이도 그리웠나 보다. 잔잔한 배려가 묻어나는 말들이. 섬세하게 찬찬하게 세상을 들여다 봐주는 누군가의 시선이.

_ 배우 **박효주**

배우 신소율의 두 번째 책 『나를 만든 말』은 사람의 기억 속에서 말이 얼마나 큰 비중을 차지하는지를 자신의 경험을 통해 독자들에게 전달하고 있다. 말에 대한 이야기를 글로 표현했다는 점이 책을 읽는 내내 흥미로웠고, 그녀의 평소 성격이 그대로 묻어나는 문장과 단어 하나하나가 일상에 지친 나의 마음을 따듯하게 위로했다. 스스로를 소심한 회피형 인간이라고 책 속에서 여러 차례 언급하지만, 가까운 지인들은 그런 그녀의 소심함을 섬세함과 순수함으로 받아들인다. 누군가가 쓴 글을 말로 바꾸는 연기자가 그녀의 천직이라면, 자신의 말을 글로 써내는 작가는 배우 신소율의 인생 2막의 새로운 주인공이다. 모니터가 아닌 책을 통해 만난 작가 신소율은 혼자 있는 외로운 밤 작은 온기를 사람에게 나눠주는 그녀의 반려묘들처럼 소중하고 아름답다.

_영화감독 **조성규**

이야기를 품고 사는 사람은 아름답다. 어느 순간부터 극도의 효율성을 쫓으며 살고 있는 내게는 도통 기억할 만한 이야기들이 떠오르지 않는다. 내게도 누군가의 따뜻했던 수많은 말들이 닿지 못하고 부서져 사라진 걸 생각하니 아쉽고 또 아쉽다. 그런 이야기들을 품고 있는 신소율 배우의 글은 참 선하고 다정하다.

가까이에서 봐온 신소율 배우는 두 번, 세 번 이야기를 곱씹는 버릇이 있는 것 같다. 그런 버릇은 흩어져버릴 파편 같은 순간을 잡아두는 힘이 된다. 그리고 그 순간이 오래도록 기억되면, 또 다른 살아가는 힘이 된다. 그녀가 기억해 오고 아껴왔던 수많은 이야기들이 나에게도 다정하게 말을 건네온다. 결국은 이런 이야기들이 모여서 내가 되는 거라고. 그러니 조금은 천천히 이 순간의 말들을 느끼고 헤아려보라고 말이다.

_ 아나운서 **최희**

*
 *
*

프롤로그

**너의 말들로
그때를
내가 버티었다**

소중하고 그리운 순간의 모든 감각들은 어떤 형태로든 남아 있다. 이 중 딱 달라붙어 떨어지지 않고 나의 일부가 되어 버린 자극, 가장 넓은 부분을 차지하고 깊게 뿌리내린 건 다름 아닌 '말'이다.

부모님의 증언에 따르면 나는 또래 아이들보다 말문이 빨리 트였다고 한다. 하루 종일 나를 안고 이런저런 이야기를 들려주던 엄마의 영향 때문이었으리라. 하고 싶은 일도, 이루고 싶은 것들도 많았을 23살이라는 어린 나이의 엄마에게 나는, 산후조리를 하고 육아를 하는 시간 동안 금쪽같은 말동무였다고 한다. 말문이 트이기 시작하고부터는 고모가 박차를 가했다. 갓 사회생활을 시작한 고모 월급의 일부분은 나에게 읽어 줄 동화책에 쓰였다. 이에 질세라 음악을 좋아했던 아빠도 자신의 인생 명곡들을 들려주시며 가사 속 숨은 뜻을 풀어 주시고는 했다. "말속에 뼈가 있다"라는 속담을 자주 쓰시던 아빠는 말 한마디로 인해 누군가의 인생을 바꿀 수도 있고, 평생 씻을 수 없는 상처를 줄 수도 있으니 늘 유념해서 쓰고, 그만큼 현명하게 듣기도 해야 한다고 가르쳐주셨다. 진심의 말, 텅 비어 있는 말, 거짓말, 선의의 거짓말, 빈틈없이 가득 채워진 말, 의미 없이 그냥 해 본 말 등 수많은 말들에 둘러싸여 감동받고, 위로받고, 상처받고, 좌절하고, 포기를 배우면서 자랐다.

나의 어린 시절 장래 희망은 정확한 말로 사실과 정보를 전달하는 아나운서, 치열하게 싸우고 때로는 설득하고 호소하며 누군가를 대변해 주는 변호사, 글로써 독자의 마음을 움직이는 작가였다. 조금 달라지긴 했지만, 운명적으로 글을 읽고 말을 하는 직업을 가지게 되었다. 대본과 대사를 읽으며 상황과 머리로 이해한 말들을 어떻게 표현해야 할지 늘 고민하고 상념에 잠긴다. 나에게 있어 '말'이란 아이일 때부터 즐겁게 듣고 따라 하면서, 종종 민감하게 반응하게 하며, 그윽한 생각에 빠져 공부를 하게 만들더니, 결국 삶의 일부가 되어 버린 것이다.

가장 기본적이고 편한 소통 수단이지만 대단히 어렵고 깊다. 어떤 말은 나를 쓰다듬고 존재하게 한다. 또 어떤 말은 나를 무너뜨리고, 때리고, 파묻는다. 하지만 다시 말로 인해 힘을 얻고, 일어서고, 이겨내고, 싸우며 치유한다. 끝내 말들은 나를 살게 한다.

뮤지컬 〈팬레터〉라는 작품이 있다. 반려자가 참여해 연기했던 이 작품은 일제 강점기 시절 우리말을 지키며 글을 쓰던 문인들의 이야기를 다루었다. 어둡고 앞이 보이지 않아 모든 걸 잃은 듯해 절망에 빠진 시대, 서로의 문장에서 다시금 살아갈 힘을 얻고, 활기를 되찾아가던 두 작가의 서간문으로 시작된다. 극이 진행되며 여러 가지 갈등과 사건을 겪지만 결국 말미엔 서로 편지를 주고받았던 그때를 다시 회상하게 된다. "너의 말들로 그때를 내가 버티었다"라는 가사가 마음에 진하게 닿아 계속 듣고 싶어 몇 번이고 극장을 찾았다. 공연 영상까지 찾아보며 수백 번을 듣고 또 들었는데도 그때마다 마음을 울린다.

분명 나도 누군가의 말들로 한때를 버티었다. 그리고 그 '말'이 지금의 나를 만들었다.

차례	추천의 글 · 8
	프롤로그:
	너의 말들로 그때를 내가 버티었다 · 14
Talk 1.	**그렇고 그런 날, 그럼에도 마음을 채워주는 말들**
	"모든 감정은 언제나 옳습니다" · 25
	"여기에 올려놓으세요" · 32
	"잘 꿰어졌으면 좋겠다" · 38
	"뭐 해? 보고 싶어" · 44
	"균형 잡힌 코어의 힘이
	쉽게 만들어지는 건 아니지" · 50
	"열심히 해서 뭐 해. 잘해야지" · 56
	"자세한 이야기는 만나서 하자" · 62
	"일어났구나. 빨리 날 쓰다듬어라" · 68
Letter 1.	"안녕하세요" · 73

Talk 2.	**잊지 않으려 다짐하는 무수히 남겨진 말들**
	"나는 원래 그런 사람이야" · 83
	"손이 없어. 발이 없어" · 89
	"말썽 부리려고 태어났어?" · 95
	"MSG 좀 그만 치세요" · 101
	"스스로를 지키기 위한 최선의 방어" · 107
	"아유, 나도 아직 어른이 되려면 멀었다" · 113
	"그게 차별이야, 그게" · 119
Letter 2.	"오랜만이에요" · 125

Talk 3. | **조금은 어긋나도 다시금 가다듬는 말들**

"마지막으로 쉬어본 게 언제인가요?" · 135

"꽃길만 걸으세요" · 141

"쏘 쿨" · 147

"포기하면 편해" · 153

"절대로 쪽팔리게 살지 마" · 158

"있을 때 잘했어야 했는데" · 164

"볏짚에 머리만 처박는다고 그게 숨어지냐?" · 169

"흙이 많은 사주네요" · 175

Letter 3. | "식사하셨어요?" · 181

Talk 4.	**마침내 나를 이루는 사이의 말들**
	"하루의 길이는 물리적 시간이 아니라 감정에 의해 결정된다" · 189
	"소심하니까 세심하고 섬세할 수 있는 거야" · 195
	"우린 서로에게 물들었다" · 201
	"하고 싶은 거 다 해" · 206
	"Seize the day" · 212
	"다 괜찮을 테니 안심해" · 218
	"내가 너를 모를까 봐?" · 224
	"나도 너무 좋아해" · 230
Letter 4.	"별일 없으시죠?" · 236
	Interview · 242

Talk 1.

그렇고

그런 날,

그럼에도

마음을

채워주는

 말들

"모든 감정은 언제나 옳습니다"

2022년 봄, 〈금쪽 상담소〉라는 프로그램의 출연 제안을 받았다. 해당 프로그램은 남녀노소 불문하고 자신이 가지고 있는 고민을 털어놓고 대화와 행동 분석, 진단을 통해 치유 방법과 위로를 함께 나누고자 하는 취지를 담고 있다.

내가 느끼는 것들을 고민이라고 부를 수 있을까? 내가 가지고 있는 성향이나 걱정들이 다른 사람들에게 유난으로 보이지는 않을까? 나의 감정이 어딘가 어그러져 망가져 있다는 진단을 받으면 어쩌지? 출연 여부를 두고 넘치는 생각들이 뒤따랐지만 나와 비숱한 마음의 바탕을 가지고 있는 누군가가 있다면 그분들과 감정을 공유하고, 함께 위로를 받고 싶은 마음이 더 컸기에 출연을 결심하게 되었다.

나의 고민은 "하고 싶은 말들을 솔직하게 하지 못해 몸이 아프다"였다. 서로에게 배려가 없는 대화에서 오는 피로감, 지나치게 사적인 질문을 받았을 때의 심정, 차별과 부당함에 한껏 목소리를 높이지 못하는 것에 대한 자괴감, 나의 가치관에 맞는 이상적인 좋은 사람이 되고 싶은데 현실의 나와는 다르다는 괴리감, 이로 인해 오는 두통과 이명, 과다수면 등을 털어놓았다. 이에 내가 융통성이 없고 유연함이 부족하며, 지나치게 정직하려 하는 조금은 고지식한 사람일 수도 있다는 회답을 받았다. 그러다 보니 불편한 상황을 마주했을 때 대처할 수 있는 방법이 한정적이고, 이상적인 사람에 대한 기준이 높아 타인에게 완벽한 인간상을 바라는 문제가 있다고 했다.

문제적 성향의 뿌리를 찾아 가다 부모님에 대한

질문으로 이어졌다. 우리 부모님은 윤리적인 기준과 잣대가 높으신 분들이셨다. 꼭 지켜야 할 규칙이나 예의범절, 타인에 대한 배려를 중시하여 도덕적 측면에선 지나치게 엄격하셨지만, 그것을 침범하지 않는 선에서는 개성과 자유의지를 완벽하게 존중하고 허용해 주셨다. 나의 성향이 통제와 허용의 극단적인 간극에서 만들어졌을 수도 있다고 했다. 그래서 점차 사회 전반적으로 통용되는 표현과 상황에 익숙해지도록 여러 가지 감정으로 대처할 수 있는 카드를 많이 만들어보라는 조언을 받았다.

예상하지 못한 상담 결과에 덜컥 겁이 났다. 융통성이 없고 고지식하다는 얘기가 실상 좋은 뜻으로 사용되지는 않지 않은가. 사회성이 부족할 수도 있다는 얘기다. 심지어 나의 문제들이 양육 과정에서 비롯되었을 수도 있다는 얘기까지 들으니, 혹여 부모님께서 상처를 받으실까 걱정이 되었다. 방송이 나가기 전 부모님을 만나 먼저 말씀드리기로 했다.

"오, 맞아! 우리가 너를 그렇게 키웠어. 하하하하 하하하하."

내 걱정과는 다르게 엄마가 너무 통쾌하게 웃으셔서 깜짝 놀랐다. 그러곤 엄마는 자라는 동안 큰 문제를 일으킨 적도 없고, 혼자 속앓이는 할지언정 타인과 분쟁을 일으키는 일은 거의 없지 않냐고, 상황에 따라 달라지는 유연한 사람도 마냥 좋아 보이지는 않는다면서, 융통성이 없고 고지식한 것이 오히려 아무나 가지지 못하는 장점이 될 수도 있다고 말씀해 주셨다. 아빠는 하고 싶은 말을 다 하고 사는 것도 현명한 삶은 아니지만, 그렇다고 몸이 아플 만큼 참는 것도 문제가 있다며 나의 가치관과 신념에 대해 더 깊이 공부하고 탐구해서 꼭 해야 할 말은 하고 사는 사람이 되었으면 좋겠다고 조언해주셨다. 부모님과의 대화를 통해 융통성 없고 고지식한 나의 성격이 도리어 좋아져 버렸다. 그렇게 키우셨고, 나는 바로 자랐다. 앞으로 더 단단해지고 이상적인 인간상을 향해 잘 걸어가면 될 일이었다.

방송이 나간 후 생각했던 것보다 더 많은 공감을 얻고 있다는 사실에 적잖이 놀랐다. 개인적인 사생활을 묻는 질문은 지양해야 한다는 공감부터, 솔직한 모습이 오히려 보기 좋았다는 응원도 있었다. 개인 SNS로도 많은 메시지를 보내주셨다. 나와 같은 고민을 가지고 방송을 시청했고, 방송을 보고 나서 자신만의 문제가 아니었다는 것에 위안을 받았다는 고백부터, 과거에 비슷한 성향으로 힘들어 했던 때 스스로 치유를 하게 된 과정을 들려주기도 하는 등 다양한 사연을 받았다. 누군가는 상담을 받고 내가 느꼈던 부분을 조금 더 자세하게 나누기를 원했고, 누군가는 마음이 흔들릴 때마다 썼던 자신만의 노하우를 공유해 주기도 했다.

그중 가장 마음에 와닿은 말은 "소율 님께서 느끼는 모든 감정은 언제나 옳습니다"였다. 자신의 말과 행동에 후회가 되고 걱정이 쌓일 때 '내가 그랬다면 그럴만한 이유가 있겠지'라고 생각하며 타인의 감정보다 자신의 감정을 더 소중하게 생각해 보라는 이야기였다. 경직되어 있던 몸과 마음이 일순간 말랑하게 녹아내렸다.

 분명 다른 누구도 아닌 '나'의 고민을 상담받았고, 상담 후 내가 조금 더 좋은 쪽으로 나아지기를 소망했다. 하지만 출연 결심부터 방송 반응을 살피는 과정까지 모든 것을 내가 아닌 타인을 위주로 생각하고 있었다는 걸 깨달았다. 함께 살아가는 사회에서 다른 사람을 배려하고 신경 쓰는 건 어쩌면 당연한 일이지만, 지나치면 나 자신을 배제하게 되는 경우가 있다. 결국 최종 목적은 마음의 평안과 행복을 위한 것인데도, 그 안에 내가 빠져 있는 것이 참 아이러니하다. 다른 사람의 말과 행동에는 '저 사람이 저러는 이유가 있겠지'라고 억지 공감을 하려 하면서, 왜 내 마음과 감정을 인정하고 이해해 주는 일에는 인색해지는 것일까.

 모든 사람에게 나를 이해시킬 수 없다. 아무리 바르게 살려고 노력해도 타인에게 나는 늘 옳은 존재일 수 없다. 하지만 적어도 나에게 있어 내 감정은 틀림

없이 옳다. 그 말 한마디에 정말 큰 용기를 얻었다. 바로 감사하다는 답장을 보내며 그분의 이야기에 공감하고 나의 소회를 전했다. 결론은 내 문제였다. 그 누구도 아닌 내 마음에 조금 더 귀를 기울일 필요가 있던 것이다. 자신의 가치를 높이고 기준과 잣대가 더 명확해지고 굳건해지면 타인의 시선과 말 하나하나에 전전긍긍하게 되는 불안을 줄일 수 있을 것이다. 우리의 감정은 언제나 옳다. 나를 조금만 더 사랑하고 이해해 주자.

"여기에 올려놓으세요"

종종 오지랖과 배려의 기준이 참 어렵게 느껴지곤 하는데, 나는 발신인이 품은 마음과는 상관없이 받는 사람이 어떻게 느끼는지에 따라 결정된다고 생각한다. 아무리 선의에서 비롯된 행동이나 말이라도 온전히 그 의도가 전달되기란 쉽지 않다. 그래서 내게서 나온 것들이 상대에게 불편으로 전해졌을 때, 오해였다는 해명과 설득이 가능할 정도로 친분을 쌓은 후에야, 오지랖이든 배려든 내비치려 한다. 내 마음이 그러다 보니 가끔 전혀 기대하지 않은 상대의 선의를 마주할 때 제법 당황하고는 한다.

오전 약속이 있던 어느 날이었다. 전날 늦은 밤까지 유튜브를 시청하느라 휴대폰 배터리가 간당간당했다. 급한 대로 충전기를 챙겨 나와 약속한 카페에 도착해 충전이 가능한 곳을 찾았다. 콘센트 사용이 가능한 자리는 모두 차 있었지만, 다행히 비어 있는 콘센트가 하나 있었다. 그 자리에 먼저 앉아 있던 분에게 비어 있는 콘센트 하나를 써도 되겠냐고 양해를 구했다. 하지만 충전 중인 휴대폰을 올려 둘 자리가 마땅치 않았다. 어쩔 수 없이 바닥에 휴대폰을 내려놓으려는데, 자리에 앉아 있던 분이 "저기요"라며 말을 걸어오시는 게 아닌가.

그러고는 "바닥에 두지 말고 여기에 올려놓으세요"라며 펼쳐져 있던 자신의 노트를 한쪽으로 치워주었다. 테이블이 충분히 넓지 않았기에 책과 노트를 펼쳐 공부를 하고 있던 그분의 공간이 이미 비좁아 보였음에도 나에게 공간을 내어주었다. 한꺼번에 여러 감정이 밀려 들어왔다. 처음에는 생각지도 못한 호의에 잠시 당황했으나 금세 감사함으로 바뀌었고, 노트를 접는 순간엔 죄송한 마음까지 들었다. "감사합니다"라고 인사한 후 뒤돌아 내 자리로 돌아오면서 느껴지는 안도와 뭉클함이 생경했다. 그리 어려운 일이 아님에도 불구하고 이런 아무 조건 없는 선의를, 그것도 초면인 사람에게서 느껴보는 것이 얼마 만인지. 불특정 다수의 사람들의 행동에 불편함을 느끼며 사라져 가는 인류애를 붙잡으려 애써 온 날들이 떠올랐다. 어쩌다 이런 작은 선의에 감격까지 하게 되는 것일까. 나 그동안 어떻게 살아온 거지?

지하철에서 어르신께 자리를 양보했다가 "나 할머니 아닌데?"라는 퉁명스러운 목소리를 돌려받은 적이 있다. 당황스러움보다는 죄송한 마음이 먼저였다. 내 얕은 생각으로 단순히 흰머리가 많은 분을 연세가 많은 어르신이라고 지레짐작해버림으로써 불쾌감을 드렸을 수 있다. 또 마트에서 젤리를 들고 한참 동안 주위를 두리번거리는 어린아이에게 "사 줄까?"라고 했다가 아이의 어머님께 "신경 쓰지 마세요"라는 말을 듣기도 했다. 아이가 귀여워 말을 건넨 것뿐인데 너무 냉담한 반응을 받아 조금 속상하기도 했지만 금세 내 행동을 반성하게 되었다. 간식을 과하게 좋아하는 아이의 건강을 염려해 절대 사주지 않겠다는 엄마의 굳은 결심으로 나온 말일 경우, 나의 호의가 선 넘음으로 느껴질 수도 있었을 것이다. 가파른 계단을 오르시던 할아버지의 가방이 무거워 보여 "혹시 들어드려도 괜찮을까요?"라고 여쭈었는데 대답 없이 손에 있던 가방을 품으로 바꿔 안으시고 급하게 계단을 뛰어오르시던 어르신도 있었고, 휠체어가 오르기엔 힘겨워 보이는 경사에서 도움을 드리려다 정중히 거절당한 일도 있다. 그럴 때마다 괜히 얼굴이 화끈거렸다. 몇 번의 경험으로 인해 나의 호의가 누군가에게는 주제넘은 참견이나 필요치 않은 동정으로 느껴질 수도 있다는 생각에 나의 선의는 서서히 숨어버렸나 보다.

모르는 사람을 위해 (심지어 고작 휴대폰을 위해) 자신이 잠시 머무는 테이블 한편을 내어주는 일은 당연하지 않다. 대단한 호의를 베푸는 일은 아니지만 처음 보는 사람을 위해 쉽게 쓸 수 있는 마음도 아니다.

그러니 이 작은 배려에 감정이 크게 동하는 것이다. 어지간히 상처를 주고받으며 마음을 닫아놓고 지내왔나 보다. 이 일은 굳게 걸어 잠근 문을 열고 환기를 시켜보고자 다짐하는 계기가 되었다. 어릴 때의 나는 맛있게 먹던 과자를 처음 보는 언니에게 당연하게 나눠줄 정도로 대가 없는 친절을 보이던 아이였다. 물론 "고마워!"로 화답해 주거나, "아니야, 언니는 괜찮으니 너 먹어" 등으로 다른 반응을 보여주었지만, 그때의 나는 내 과자를 받아주지 않은 언니에게 서운함을 느끼지 않았다. 하지만 지금의 나는 내 마음을 아주 조금 보여주는 작은 행동에도, 다른 사람의 마음을 나눠 받는 일에도, 일단 의심을 먼저 품는다. 굳이 이렇게까지 닫아 둘 필요는 없다.

몇 주 뒤, 카페에서 이어폰을 귀에 꽂은 채 책을 읽고 있는데, 누군가 내가 앉은 테이블 옆 콘센트에 자신의 충전기를 꽂고는 휴대폰을 어디에 두어야 할지 망설였다. 따지고 잴 것도 없이 바로 이어폰을 빼고 그분을 불렀다. "저기요, 여기에 올려놓으세요." 나를 바라보던 그분의 표정이 잊히지 않는다. 몇 주 전 내 표정이 딱 그랬으리라. 처음 보는 사람이 건넨 말에 놀란 순간의 당혹감, 의도가 파악되기 전 살짝 비친 의아함, 이어지는 미안함과 고마움이 뒤섞인 미간과 입꼬리. 그리고 아주 작은 목소리의 "감사합니다."

마침 그날 동네 마트에 들렀는데 계산대 앞에 줄이 엄청 길게 늘어서 있었다. 호박고구마 한 팩을 달랑 들고 제일 짧아 보이는 줄을 골라 서 있는 나에게 앞에 서 있던 남자분이 말을 걸어왔다.

"그거 하나만 계산할 거면 먼저 하세요. 저희는 살 게 많아서요."

또 한 번 가슴 언저리가 뜨끈해지고 말았다.

"잘 꿰어졌으면 좋겠다"

초등학교에 다니던 시절, 엄마는 매해 내가 새 학년이 될 때마다 등교 전 가장 깨끗한 옷을 다려 입히고는 머리를 양 갈래로 정갈하게 땋아주며 말씀하셨다. "올 한 해도 이렇게 잘 꿰어졌으면 좋겠다." 얼마나 촘촘하고 짱짱하게 묶어주셨는지 이마 쪽 두피가 바짝 당겨져 눈꼬리가 올라갈 정도였다. 잘 땋이고 꿰어진 깔끔한 양 갈래 머리와 평소보다 찢어져 올라간 눈을 치켜뜨고 새 교실에 들어서면 무서울 것이 없었다. 새로운 환경에 적응이 느리고 낯을 가리는 성격임에도 먼저 친구에게 다가가 말을 걸기도 하고,

자기소개도 당차게 잘 해냈다. 머리를 쓰다듬으며 해준 엄마의 말이 따듯하고 강력한 마법의 주문이었음에 틀림없다.

초등학교 고학년에서 중학생으로 넘어갈 즈음, 내 머리는 땋을 수 없는 단발이 되었고 매번 행해지던 머리 땋기 전통은 자연스럽게 사라졌다. 그리고 나는 정확히 그 무렵부터 조금씩 관계가 어려워졌다. 물론 사춘기에 접어들며 자아가 새롭게 형성되는 시기인지라 자연스럽게 변한 거겠지만, 돌이켜 생각해 보니 엄마의 주문이 사라지면서부터가 아닐까 하는 생각이 드는 것이다. 예쁘고 따듯한 말을 하며 희망적인 표현을 자주 쓰던 엄마와의 대화가 서서히 줄기 시작한 것도 그 즈음부터였으니 말이다.

코로나가 한창 기승일 때 무관중으로 경기를 하던 야구장에선 관객이 없음에도 녹음된 함성과 응원가를 틀었다. 넓은 야구장의 썰렁한 분위기를 채우기 위함만은 아니었으리라. 팀의 승리와 선수를 응원하는 순애가 가득 담긴 노래와 구호들에서 얻는 힘이 분명히 있었을 것이다. 또한 우리는 새해와 명절 때마다 형식적일지언정 안녕과 건강을 기원하고, 개업이나 이사를 한 사람에게는 번성하시고, 대박나라는 축하 문구를 전한다. 결혼을 하는 사람에게는 행복하게 살라는 인사를 건네고 누군가의 마지막 길에는 마음으로 함께하며 좋은 곳에서 평안하길 바라는 기도를 전한다. 모두 염원이 담겨 있다. 몇 마디 안 되는 짧은 문장이지만, 진심을 담아 응축된 힘을 실어 보낸다.

'떨지 마, 힘내자, 할 수 있어, 난 괜찮아.' 간절한 바람을 말에 실어 자신을 다스리는 일종의 마인드 컨트롤이라 부르는 혼잣말들이다. 증폭된 기대감으로 인해 나중에 실망이 커질 것을 우려하여 최악의 상황에 미리 대비하는 성향의 사람일지라도 자신을 응원하는 말에 일부러 부정적 어휘를 첨언하는 사람은 극히 드물다. 개인적인 경험을 꺼내어 보자면 확률이 낮은 일에 "할 수 있다"라는 되뇜과 "어차피 안될 거야"라는 마음가짐에서 나오는 에너지는 엄청난 차이가 있지만, 막상 결과가 나왔을 때의 실망감은 비슷하다. 말과 생각이라도 긍정적으로 하는 편이 과정에서 오는 스트레스를 조금 더 줄여준다. "피할 수 없다면 즐겨"라는 말이 괜히 있는 게 아닌 것 같다. 당연한 소리겠지만 꼭 해야만 하는 일을 지겹고 힘들다고 생각하면 점점 더 지치고, 그나마 그 안에서 조금이라도 흥미를 찾으면 빨리 끝내고 쉴 수 있다.

하루에도 수십 번 "짜증 나"라는 말에 자신의 감정을 실어 보내는 사람에게 이유 없이 짜증이 옮을 때가 있다. 아드레날린을 뿜어대며 신나게 운동을 하다가 "힘들다"만 반복하는 친구 옆에서 갑자기 힘이 빠지는 것처럼. 평소 쉽게 해내던 일인데도 기대나 부담의 말을 들으면 갑자기 긴장이 되기도 하고, 평소 좋게만 생각하던 사람의 험담을 들으면 그때부터 괜히 다르게 보이기도 한다. 하지만 피곤하고 지치는 와중에 "좋은 하루 보내세요"라는 가벼운 인사에 기분이 전환되기도 하고, 어려워 보이는 일을 "이까짓

거 껌이지"라는 허세로 가볍게 시작하게 될 수도 있다. 말은 적연한 주문이다.

    우리는 힘들어서, 짜증 나서, 피곤해서, 배고파서, 추워서, 더워서 뒤에 "죽겠다"를 붙여 수많은 이유로 수백 번 생사의 고비를 넘나든다. 수다 떨다가 투정으로 나오는 가벼운 말들에 동조하기도 하고, 응원해주기도 하면서 웃고 넘기지만 매사에 부정적인 어휘만 달고 사는 사람들은 어느 순간 대응하기가 껄끄러워진다. 습관적으로 모든 일에 죽겠다는데 도대체 어떻게 지금까지 살아있나 싶다. 심지어 행복해도, 신나도, 배불러도 죽는데 말이다. 관용적 표현이라지만 자주 듣다 보면 방향을 돌려주고 싶어진다. 이래도 저래도 죽는 거보단 어쨌든 살 것 같은 게 더 낫지 않나. 아주 조금의 노력을 기울여 부정적 방향의 생각과 말의 머리를 다른 쪽으로 틀어보고자 한다. 스스로에게 하는 말도, 타인에게 보내는 말도 반반하게 태워 좋은 곳으로 보내고 싶다. 잘 될 거라고, 할 수 있다고, 힘내라고, 평온하라고, 그리고 행복하라고. 말의 힘을 받아 언젠간 말하는 방향대로 갈 것이라고 굳게 믿으며.

"뭐 해? 보고 싶어"

좋아하는 사람에게 받는 연락은 언제나 반갑지만, 모든 사람이 나에게 좋은 사람이지는 않다 보니 '갑자기 왜 연락을 했지?'라는 의문이 드는 순간, 의도를 의심하게 된다. 가벼이 안부를 묻는 인사말인 것을 뻔히 알면서도 짧은 문장에 물음표로 끝이 나는 인스턴트 메시지에는 묘한 거부감이 있다. "안녕하세요. 오랜만입니다. 별일 없으시죠?" 혹은 "잘 지내시죠?"로 시작해서 "할 말이 있어서 연락했어"의 뉘앙스를 담아 조금이나마 힌트를 준다면 마음의 준비라도 할 수 있지만, 오랜만의 밑도 끝도 없는 "뭐해?"라는 말에는 돌연 일시 정지 상태가 되고 만다.

내적인 친밀감이 조금이라도 있는 사이라면 '무슨 일이지?' 하는 궁금증과 기대 혹은 걱정이 뒤따르겠지만, 반갑지 않은 사람의 경우에는 자칫 불쾌감까지 느껴진다. 최대한 사회성을 발휘해 "안녕하세요. 오랜만이에요. 잘 지내시죠? 저는 뭐 요새 그럭저럭 지내고 있지요" 정도의 답장을 보내긴 하지만, 사실 속마음은 '아니, 지금 내가 뭐 하는지가 왜 궁금해요?'가 되어 버린다.

R의 연락도 그랬다. 신인 시절 출연했던 예능 프로그램의 서브 작가였던 그녀는 내게 있어 다시는 떠올리고 싶지 않은 사람 중 한 명이었다. 여기저기 말을 전달하고 의견을 조율해야 하는 중간자적 입장이었던 그녀의 고충은 백번 이해하는 바이지만, 그 고충을 해소하는 방법으로 누군가를 괴롭혀댔고, 그 대상이 출연자 중 가장 경력이 짧았던 나였기 때문이다. 그녀에게 "뭐 해?"라는 메시지를 받았을 당시, 나

는 저예산 영화의 개봉을 앞두고 지면 인터뷰를 하는 중이었다. 인사, 안부, 예의를 다 접어 두고 "인터뷰 중이에요"라고 짧게 답장을 보냈다. "십수 년 전 언니에게는 화풀이 대상이던 내가 지금은 그때보다 좀 자라서 바쁘게 작품 활동도 하고 인터뷰도 한답니다. 아유, 너무너무 바빠서 답장도 짧게 할 수밖에 없네?"라는 뉘앙스가 고스란히 전달되기를 바라면서.

부러 나쁜 마음으로 답장을 보내놓고, 오히려 내 마음이 출렁인다. 답장 안에 숨긴 나의 속마음을 눈치채지 못할 수도 있겠지만 괜한 골을 부린 건가, 조금 유치했나 싶었다. 그러면서도 과거 그녀가 나에게 했던 궂은 말들이 떠올라 괴로웠다. 그때의 나는 왜 멍하게 듣고만 있었을까? 지금의 나라면 어떻게 행동했을까? 고요했던 내 마음에 "뭐 해?"라는 단 두 글자로 감정의 파도를 불러일으키는 그녀를 어지간히도 싫어했었나 보다. 답장이 오면 어떤 태도를 취할지 이런저런 대응책을 상상하고 혼자만의 전투태세를 갖추어 기다렸으나, 곧 도착한 그녀의 답은 또 짧은 문장이었다.

"보고 싶어."

뻔하다면 뻔한 네 글자는 내 기준으로는 절대 쉬운 감정의 표현이 아니다. '보고 싶다'는 사랑이 묻어 있고, 정이 존재하고, 그리움이 드러나고 심지어 아련하다. 어떤 경우에는 후회와 회한이 담겨 있기도 하다. 분명한 건 나와 그녀 사이에 쓸 수 있는 표현으로는 부적절한 것이었다. 그녀는 왜 나를 보고 싶어 하는 걸까? 그리고 고작 네 글자 안에서 나는 왜 걱정과 불안을 느끼게 되는 것일까?

26살 이후 나는 본가에서 독립해 부모님과 떨어져 지내고 있다. 얼굴을 마주하며 살 때의 부모님은 나의 자그마한 감정과 분위기도 기막히게 읽어내셨지만, 몸이 멀어지자 걱정이 많아지셨다. 세상의 모든 딸, 아들이 마찬가지인 것처럼 나 또한 독립 후에 혼자 자립해서 잘 사는 모습을 보여드리고 싶었다. 힘들거나 지치는 일이 생겨도 오히려 밝은 목소리로 늘 괜찮다고 하며, 여러 번 안심을 시켜드렸다. 그러나 감정 조절이 어려운 날이 있다. 누군가에게 기대어 실컷 투정을 부리고 싶은 날이면 더욱더 부모님이 보고 싶었다. 괜히 엄마에게 전화해 무얼 하시냐 묻고는 보고 싶다고 마음을 터놓고 나면 지체 없이 눈물이 터져 나왔다. 나에게 "보고 싶다"는 "당신이 필요해요"라는 말과 동일했다.

R에게 무슨 일이 생긴 걸까? 무엇 때문에 힘든 걸까? 별반 친하지 않은 나에게나마 기대고 싶은 날이었을까? 혹시 어느 날 문득 미안한 감정이 들었을까?
"무슨 일인지는 모르겠지만 힘내세요."
여러 고민 끝에 답장을 보냈다. 내 어깨까지 빌려주고 싶은 마음은 없지만 힘내라고는 말해주고 싶었다. 그녀의 의도는 정확히 모르겠지만, 내 마음이 반응한 그녀의 "보고 싶어"에는 외로움이 가라앉아 있었다. 두어 시간이 지난 후, "그래, 고마워. 잘 지내"라는 그녀의 답장 이후 연락은 끊겼다.

때로는 문장 안에 보이는 것보다 더 많은 의미가 담겨 있다는 걸 그녀도 분명 알고 있었을 것이다. 그래서 나도 '힘내'라는 두 글자 안에 다양한 감정을 담아 보냈다. 마음속에 오랫동안 응어리져 떠다니던 미움은 "보고 싶어"라는 네 글자로 많이 풀어져 버렸다. 그녀가 그 말에 어떤 마음을 담아 보냈을지 모르지만, 이제 난 더 이상 그녀를 미워하지 않기로 했다. 부디 그녀가 잘 지냈으면 좋겠다.

"균형 잡힌 코어의 힘이
쉽게 만들어지는 건 아니지"

솔직히 고백하자면 나는 운동을 그다지 좋아하지 않는다. 과거의 경험 때문일 수도, 운이 좋아 아직까지 운동이 절실할 만큼 건강이 나빠져 본 적이 없어서일 수도 있겠지만, 어쨌든 목적이 무엇이든 몸을 억지로 움직이는 행위에는 늘 일말의 거부감을 가지고 있었다.

20대 초반, 과체중이었던 나는 무리한 단식을 강행했었다. 운동 없이 식이요법만 지킨 다이어트로 원하는 숫자의 체중이 되었으나 후유증으로 극심한 생리통, 탄력이 없이 늘어진 피부와 셀룰라이트를 감당해야 했다. 일반식을 시작하면서 금세 요요가 왔고 울며 겨자 먹기로 운동을 하긴 했는데, 과정이 전혀 즐겁지가 않았다. 굶어서 뺀 몸은 근력이 부족하여 대번에 나가떨어졌고, 지구력과 정신력 모두 바닥이었다. 오랜 시간을 투자해 꾸준히 생체 리듬을 올리며 가까스로 회복했지만, 그 지난한 과정을 또 겪고 싶지 않아 매일 몸무게와 눈바디를 체크하며 조금이라도 수치가 달라지면 그 시점에만 바짝 다시 되돌려 놓는 반복의 일상이었다.

30대 초반까지는 좋아하는 야구팀의 경기를 관람하며 3시간 남짓 방방 뛰고 고래고래 소리를 질러도 끄떡없고, 5일 정도는 쪽잠만 자며 밤을 새워 촬영을 해도 크게 체력이 달리지 않았기 때문에 경각심이 없었다. 그러나 점차 몸의 변화를 자각하면서부터 조금씩 겁이 나기 시작했다. 에너지 음료와 커피의 카페인에 기대어 체력을 끌어 쓰느라 저녁엔 이명이 심해졌고 눈이 탁해지며 기억이 흐려졌다. 어찌어찌 버티고는 있었지만, 고질적인 하체 부종으로 인해 종아리의 실핏줄들이 터져 나가는 건 카페인으로도 막을 수 없었다. 내 생활 패턴을 꽤 오랫동안 지켜보던 전 남자친구이자 현 반려자는 미용 목적의 깔짝거리는 움직임이 아닌 기초 체력을 늘리기를 바랐고, 러닝과 PT를 강력히 거부하는 나를 이끌고 커플 필라테스를 등록하기에 이르렀다.

매주 두 번씩, 치과에 가기 싫어하는 아이처럼 끌려가 수업을 들었다. 기구에 매달려 미간을 구기고 어금니를 꽉 깨물어 가며 15~20회를 3세트로 빨리 끝내 넘겨버리던 헬스와는 달리, 필라테스의 모든 동작은 슬로모션 버튼을 누른 듯 느렸고, 심지어 숨 쉬는 것까지 내 마음대로 할 수가 없었다. 악으로 깡으로 들어 올리고 끌어당기는 운동만 하던 나에게, 근육 하나하나를 다 느끼며 움직인다기보다 오히려 버티기에 가까운 동작들은 너무나 생소했다. 힘들고 지루하고 재미없었다. 열심히 하는 반려자와 정성껏 가르쳐 주시는 선생님께 죄송해서 군소리 안 하고 삐걱

대다 결국 금세 그만두고 말았다.

 얼마 후 친구들과 만나 이런저런 이야기를 나누다 꾸준히 하는 운동을 주제로 대화의 장이 열렸다. 몇 년째 요가에 푹 빠져 있는 친구는 나의 짧은 필라테스 체험기를 들은 뒤 자신의 이야기를 들려주었다. 느린 운동은 자칫 지루할 수 있고, 성과가 바로 나타나지 않아 빨리 지칠 수도 있지만 인내의 시간이 우리의 몸을 안에서부터 단단하게 한다는 것이다. 우리가 수많은 상처를 받으며 살다가도 시간이 지나 어느새 감당할 수 있게 되는 건 그만큼의 세월과 경험이 쌓여 딱지가 앉고 새살이 돋고, 자신도 모르는 사이 면역이 생기기 때문이라고. 과거에 아팠던 일도 지금은 웃으며 이야기할 수도 있듯, 버텨내는 힘든 동작들이 쌓여 속 근육이 되면 훗날엔 실속 있는 건강한 몸을 가질 수 있다면서 운동이든 인생이든 "균형 잡힌 코어의 힘이 쉽게 만들어지는 건 아니지"라고 말했다. 그 친구의 표정에서 편안함과 여유가 느껴졌다.

좋아하는 일과 싫어하는 일의 경계가 분명한 나에게 '버틴다'는 정확히 선택적이었다. 하기 싫은데 억지로 해야 하는 일들에 대해서는 포기가 빨랐다. 이해되지 않는 수학을 빨리 놔버렸고, 미술 실기와 일찌감치 거리를 두었다. 감정적으로 조금이나마 마음의 상처로 남을 것 같은 일들은 최대한 피하고 멀리 도망쳤다. 그에 비해 좋아하거나 꼭 이루고 싶은 일들에 대해선 미련하리만치 버티기를 시전해 왔는데, 국어와 독서가 그랬고 연기가 그랬다. 단역으로 시작해 연기자라는 꿈에 발을 들인 순간부터 하기 싫고 피하고 싶지만 결코 포기할 수는 없는 상황이 늘었다. 그럴 때마다 참고 견디다 보니 그 분야에 관해선 웬만한 충격을 이겨낼 수 있는 코어 근육이 생겨났나 보다. 20대와 30대 초반을 거치며 그때 당시에는 매일 울고 아프던 자극과 고통들이 지금의 나에게는 어떠한 내상도 주지 못한다.

하루아침에 생긴 방패는 아니다. 내가 만들어 놓은 여러 방패들마다 두께와 견고함은 다르지만 어떠한 공격에도 쉽게 뚫리지는 않는다. 틈새가 생겨 갈라지고 부서지는 경우도 허다하지만, 그럴 때마다 나름의 노하우가 생겨 알아서 수리도 척척하는 편이다. 나를 감싸고 있는 방어막은 천천히, 조용히 그리고 나도 모르게, 하지만 매우 단단하고 견고하게 자리 잡았다. 빠른 시간 급하게 쌓아왔더라면 언젠가는 균형이 무너져 침식되었을 테지만, 시간을 가지고 묵묵히, 때로는 포커페이스로 숨기며, 들숨과 날숨을 여러 번 쉬어가며 끈질기게 유지해 왔기에 가능했다. 몸도 마찬가지인 것 같다. 겉모습에만 집착하며 얕게 쌓은 내 몸은 언젠간 분명 균열이 생길 것이다. 제대로 된 운동을 좋아하는 사람들이 굳이 꾸준히 실천하고 강도를 늘려가며 근육, 특히 속 근육에 집착하는 이유가 있었구나 싶다. 역시 뭐든 단숨에 쉽게 되지 않는다. 다시 한번 깨닫고 만다. 단순하지만 중요한 사실을.

"열심히 해서 뭐 해. 잘해야지"

일할 때의 나는, 애초에 불가능한 일이라 판단해 시도할 생각조차 하지 않는 경우를 제외하고는 일말의 가능성이 보이거나 책임감이 주어지면 심하다 싶을 정도로 주력하고 매진해 안달복달한다. 조금 더 극단적으로 표현하자면 공연히 집착한다. 그러다 보니 체력과 에너지의 분배가 쉽지 않다. 흔히 말해 작은 일에도 목숨 거는 스타일이다. 그다지 좋아하는 성향은 아닌데 어찌하다 보니 그리되었다.

신인 시절, 작은 기회라도 절실하고 소중하던 그

때는 "열심히 하겠습니다"가 몸과 입에 배어 있었다. 잘 안되더라도 열과 성을 다해 임하면 후회가 없다는 믿음으로 무조건 열심히 했다. 좌절될 경우 미련과 자책이 뒤따르기 때문에 사전에 내가 할 수 있는 모든 것을 쏟아부어 실망의 감정들을 미리 소멸시켜 버리고자 하는 열정이었다. 융통성이 없어 요령을 피울 줄도 몰랐다. 오롯이 혼자서만 도전하던 때는 나름 잘 털어내고 일어나는 편이었지만 많은 사람의 기대가 걸려있는 일이 비틀어졌을 때는 심적으로 엄청난 부담을 느끼고는 했다. 회사에서 힘겹게 잡아 온 오디션에서 최선을 다해 완벽하게 준비했다고 자신했음에도 눈앞에서 기회를 놓치는 일이 거듭되면서, 조급함이 최대치에 다다른 때였다. 어떤 부분을 놓친 걸까, 나에게 부족한 것이 무엇일까. 심려가 깊어지면서 몸살이 날 지경으로 몇 주를 시름에 싸여야 했다. 당시 회사의 대표님은 말없이 나를 지켜보시다 식사 자리를 제안하셨다. 요즘 넘치던 열정이 사라지고 힘이 많이 빠진 거 같다고 걱정하는 대표님께, 온 힘을 다해 열심히 했는데 결실을 맺지 못해 속상하다고 털어놓았다.

대표님은 "열심히 해서 뭐 해. 잘해야지"라고 하셨다. 그 말에 반발심이 생겨 30살 가까이 차이가 나는 대표님께 처음으로 반박했다.

"처음부터 잘하는 사람이 어디 있어요. 열심히 하다 보면 언젠가 잘하게 되는 거지. 잘하고 싶어서 밤잠 설쳐가며 열심히 하고 있는데, 열심히 해서 뭐 하냐는 말을 들으니 너무 서운해요!"

속마음을 쏟아내려니 서러움이 울컥 올라와 눈물까지 나오려는데 돌아오는 말은 "그래, 잘 알고 있네"였다.

열심히 했는데도 잘 안되면 아직 부족한가 보다, 처음부터 잘할 리 없다고 생각하면 되지, 뭘 그렇게 끙끙 앓고 있냐고. 네가 방금 말한 대로 열심히 하다 보면 언젠가 잘하게 되는 거라고, 그게 인생이라고. 그러다 문득 안되는 건 안되는 건가 보다는 생각이 드는 때가 오면 그때 포기하면 된다고. 일단 그냥 해

보라고. 그러다 보면 끝내 잘 해내고 싶었던 일을 잘 하게 되기도 하고, 가끔은 성의를 다하지 않아도 될 일은 되기도 한다고. 그럴 때 초심만 잃지 않으면 된다고. 어느새 잘하게 된 사람이 열심히 하면 그때부터 성장하는 거라고.

대표님의 말에 다 공감을 하면서도 괜한 반발심에 "그건 대표님이 이미 성공한 사람이니까 그렇게 말씀하실 수 있는 거예요. 간절한 사람한테는 말만 쉽지, 머리로는 다 알면서도 어렵고 힘든 거라고요!"라고 토로하며 엉엉 울어버렸다.

이 이야기의 결론부터 얘기하자면, 대표님은 이후에도 여러 번 오디션에 도전해 성과를 내지 못한 나를 포기하시고 계약을 해지하셨다. 그러면서 마지막까지 "너무 열심히 하지 마"라는 말씀을 남기셨다. 끝까지 내 마음을 몰라주신다면서 울다 웃으며 헤어졌지만, 당시 그 말이 나에게 큰 힘이 되었던 것 같다. 하고 싶은 일과 이루고 싶은 일들이 너무 확고하다 보면 간절함, 절박함만 쌓여가고 끝내 좌절감과 실망감에 세상을 원망하고 스스로를 괴롭히기도 한다. 대표님의 '열심히' 말고 '잘하라'는 말은 능숙함이나 성과, 결과를 이야기하기보다는 '과정'에 방점이 찍혀 있었던 것 같다. 호흡을 신경 쓰지 않고 무작정 바쁘게 달리다가 장애물로 인해 멈춰지게 되면 돌연 숨이 가빠 오는 게 느껴진다. 계속 달려야 할 것 같은 마음에 조급해지기 마련이다. 앞만 보고 달려오느라 우회할 수 있는 다른 길이 있어도 눈치채지 못한다. 무조건 전력 질주하는 것도 방법이지만 가끔은 멈춰 숨도 쉬어주고, 샛길이나 지름길이 있는지 '잘' 살펴보는 과정도 중요하다는 것을 말씀해 주신 걸 거다. 어차피 결승점이 같다면 말이다.

나는 아직도 '열심히'가 더 우선이긴 하다. 그때마다 마음을 다스리려 노력한다. 과거의 내가 찬찬히 다양하게 보고 듣고 경험하며, 먼 길로 돌아오기도 하고 가끔 푹 쉬기도 하면서, 열심히 뛰기보다 잘 뛰었더라면 많은 것들을 더 마음 편하게 해내지 않았을까 하는 생각이 든다. 어차피 세상의 모든 일은 대부분 성과 중심적인 경우가 많으니 열심히 하기보다 잘해야 하는 게 더 이상적일지도 모르겠다. 하지만 나는 모든 일을 다 잘 해낼 자신은 없으니 과정이라도 잘해보려 한다. 그래도 결국 열심히, 잘.

"자세한 이야기는 만나서 하자"

서울, 그것도 반경 200m 안에 7개가량의 편의점이 있고 버스, 지하철, 택시 등 모든 교통수단을 편하게 이용할 수 있는 중심지에 살다가, 결혼 후 편의점은 커녕 빠른 새벽 배송이나 배달조차 되지 않는 한적한 동네로 이사를 하고 보니 친구를 만날 일이 현저히 줄어들었다. 게다가 코로나19의 영향으로 가벼운 외출조차 꺼리게 되던 때였다. 적어도 2주에 한 번씩 얼굴을 보고, 매일 메시지를 주고받던 제일 친한 친구 Y도 분기마다 겨우겨우 볼 만큼 물리적으로 거리가 멀어졌다. 당시 Y는 인생의 큰 산을 하나 넘는 시기였던 터라 나도 경솔한 연락을 조심하게 되었다. 그러던 중 오랜만에 그녀에게 전화가 왔다. 그냥 안부 전화를 한 거라는 친구의 목소리를 듣고 대번에 알 수 있었다. 나와 이야기를 나누고 싶은 일이 있는 것이라고. 우리에게는 서로 과시하지 않아도 서로를 잘 알고 있다는 믿음이 있다.

친구와 한동안 나누지 못한 일상의 새 소식들이 오고 갔다. 평소와 다를 바 없는 밝은 목소리로 들려주는 Y의 이야기는 여전히 충분하게 흥미롭고 재밌었으나, 알 수 없는 이질감이 있었다. 가만히 눈을 감고 Y의 얼굴을 떠올렸다. Y는 정말 신나는 이야기를 할 때면 입이 거꾸로 된 세모 모양이 된다. 그 입에서 나오는 발음은 평소보다 조금 더 또랑또랑하고, 톤은 크게 다르지 않지만 미묘하게 수줍음이 섞여 있다. 더 고조되면 말하는 중간중간 만화의 효과음 같은 추임새들이 튀어나오기도 하는데, 휴대폰 너머로 들리는 음성에서는 그런 특징들이 없었다. 감히 예상하건대 통화 중에 Y는 전혀 미소를 띠고 있지 않았을 것이다. 분명 우울한 느낌은 아닌데 어딘가 모르게 그늘이 있었다.

친구에게 직접적으로 기분이나 상태를 묻지 않았으니 전적으로 나의 착각일 수도 있겠지만 괜스레 마음 한편이 어릿해 왔다. 정말 괜찮을 것일까? 혹여 마음에 작은 상처들을 입고 치유하느라 억지로 보호막을 씌우고 있는 것은 아닌지 걱정되었다. 하지만 자존감이 높아 평소에도 자신의 상처를 드러내기 싫어하는 Y에게 확실하지도 않은 나의 짐작을 내비치기도 조심스러워 계속 손톱만 튕기게 되는 것이었다. 말이 길어질수록 확실히 평소와는 다른 위화감이 느껴졌고, 결국 두 시간가량의 통화가 끝나갈 때쯤 내 입에서 나올 거라고는 상상도 해 본 적 없는 문장이 튀어나왔다.

"그래, 자세한 이야기는 만나서 하자."

아주 잠깐의 정적이 흐른 후, 까르르 웃는 Y의 웃음소리가 들렸다. 두 시간이나 통화했다며, 휴대폰이 뜨거워질 지경인데 이보다 더 자세하게 이야기할 수 없다고, 무슨 그렇게 뻔하고 센스 없는 끝인사를 하냐는 귀여운 핀잔과 함께. 별다른 이유를 붙이지 않고 "그냥 얼굴 보고 얘기하고 싶어서 그렇지"라는 나의 대답에 또 찰나의 정적이 흘렀다. 그러고는 방금의 웃음과는 상반되는 차분한 음성이 돌아왔다.

"그래, 그러자."

약 20년 동안 볼 만큼 봐온 친구의 얼굴이 그때만큼 간절히 보고 싶었던 적이 있었나 싶다. 시원하게 찢어져 올라가는 입꼬리를 보며 함께 고양되는 신남. 미간의 중앙 근육만 살짝 끌어올려 눈을 내리깔 때 느껴지는 진지함. 양쪽의 크기가 살짝 다른 동그란 눈으로 뚫어지게 응시하다 살짝 목소리가 날카로워지면 예민해지는 순간이니 긴장해야 한다. 우리가 함께한 시간이 알려준 내가 아는 Y의 시그널. 너무나 익숙했던 신호들이 새삼 비밀스러운 문을 여는 열쇠처럼 느껴졌다. 통화보다는 실제로 마주했던 시간이 더 많은지라 목소리만으로 감정과 상태를 파악하는 일은 꽤나 어려웠다. 직접 눈을 마주치고, 손동작을 보고, 말 빠르기를 가늠하고, 표정 근육의 꿈틀거림, 시시각각 달라지는 동그란 광대의 높낮이, 웃을 때 늘어났다 줄어드는 귀여운 콧구멍 등을 보면서 생생하게 느껴야 친구의 감정을 모조리 전달받을 수 있을 것만 같았다.

내 감정을 숨기고 싶은 날, 무너져 가는 가슴을 가까스로 지탱해 괜찮은 척, 센 척하다가도 가만히 바라보고만 있는 친구의 눈동자와 고개의 끄덕임에 엉엉 울어버린 기억이 한두 번이 아니다. 조용하지만 확실한 위로였고, 굳이 이유를 말하게 하지 않는 다독임이었다. 아마 Y는 두 시간 동안 통화로 나눈 이야기를 실제로 만나서 다시 반복하지는 않을 것이다. 다른 이야기들을 자연스럽게 나누다 우리의 주파수가 맞춰지면 그제야 못다 한 말을 꺼낼 수도, 혹 아닐 수도 있겠지만 크게 중요하지는 않다. 지적하지 않고, 평가하지 않고 재어보려 노력하지 않아도, 자연스레 비치고 통과하는 감정들. 말 그대로 눈빛만 보아도 설명되는 많은 것들을 주고받겠지. 그리고 그 순간이 오면 티 내지 않고 토닥여주어야지.

"일어났구나. 빨리 날 쓰다듬어라"

음성과 문자로 쓰는 언어가 아니더라도 마음으로 들리는 말들이 있다. 유독 머리가 복잡해 그 어느 것에도 신경을 쓰고 싶지 않을 때 극도로 예민해지곤 하는데, 유별히 청각으로 자극이 오고는 한다. 정적이 필요한데 이 세상은 불필요한 소음으로 가득 차 있다. 아주 작은 소리 하나하나가 불규칙적으로 귀를 찔러 대 견딜 수 없는 상태가 되면 이어폰으로 귀를 막는다.

어질러진 몸과 마음을 음악으로 치유하는 다양

한 방법들이 있겠지만, 나 같은 경우엔 부드럽고 느린 차분한 음악들보다도 오히려 예민함을 극대화할 수 있는 음악을 고른다. 불안하게 진행되어 심장을 뛰게 하는 선율과 함께 날카롭게 긁히는 현에서 팍 튀어나오는 '끼익'하는 소리에 집중하고 있으면, 뾰족해진 나의 신경들과 충돌해 소름이 돋고는 한다. 음악적 소양과 지식이 부족해 설명하기는 어렵지만, 여러 현악기의 합주들이 혼란스럽게 치달아 절정에 오를 때 오히려 마음이 차분하게 가라앉는다. 여러 연주곡들 중에도 유독 나의 감정과 파동이 맞아 잔뜩 성이 나 있는 어딘가를 시원하게 긁어주고 뜯어주는 음악들을 모아 '긁자'라는 이름을 붙여 놓았다. 고심하여 플레이 리스트로 골라 놓은 나의 음악적 치유 언어이다. 가끔 연기에 집중을 하거나 글을 쓰기 전, 예민함을 끌어 써야 할 때도 많은 도움을 준다.

반려동물과는 서로 다른 언어로 소통을 한다. 반려동물의 울음소리를 번역해 주는 앱이 나오기 전부터, 전생에 고양이였을지도 모를 수의사 선생님이 고양이의 긍정 울음과 부정 울음을 설명해 주기도 전부터, 함께 산 지 9년째 접어드는 우리 고양이들과 나는 분명히 대화를 하고 있었다. 소리뿐만 아니라 눈빛과 행동을 더하면 더욱 확실하게 의사소통을 하고 있다고 믿게 되는데, 화장실 앞에서 내 눈을 똑바로 바라보며 울 때는 화장실을 치우라는 얘기고, 물그릇이 있는 테이블 근처에서 톤을 높여 부르는 야옹 소리는 물을 갈아달라는 요청이다. 해석하려 노력하지 않아도, 자연스럽게 알 수 있다. 확실한 응석의 울음소리로 애교를 담아 불러 댈 때는 나도 목소리를 다정하게 바꿔 대답을 하고, 별다른 이유 없이 짜증을 내는 울음소리일 때는 "너 왜 짜증이야~~~"라고 즉각적인 반응이 튀어나온다. 한쪽은 높낮이와 길이가 다 다른 야옹이고, 내 쪽은 그에 맞는 말을 하게 되는데, 이 대화가 길어지는 날이면 정말 수다 한 판을 떤 기분이다.

마음이 다쳐 힘들었던 날, 차라리 지쳐 쓰러질 만큼 울어버리고 싶은데 충격으로 눈물조차 숨어버렸다. 할 수 있는 일이 없어 새벽에 홀로 소파에 멍하게 앉아 있는데, 고양이들이 다가와 얌전히 옆에 앉았다. 어두운 공간에서 동공이 보름달 같아진 고양이들은 가만히 나만 바라보고 있다. 누군가와라도 대화를 나누고 마음을 털어내고 싶어 한참 동안이나 고양이들에게 속상한 마음을 푸념했다. 지루한 기색 없이 줄곧 눈을 마주치며 충분한 시간 동안 이야기를 들어주던 고양이들 중 한 마리는 조용히 내 팔에 머리를 부볐고, 한 마리는 나지막이 울어주었다. 그제야 눈물이 왈칵 쏟아졌다. 실제로 반려동물들이 인간을 위로해주고 토닥여주면서 감정을 나누기도 한다는 이야기를 들어본 적이 있지만, 직접 느껴보니 경이롭고 감동적인 경험이었다. 분명 고양이들은 나에게 괜찮다고, 실컷 울어도 된다고 얘기해 주었다.

나와 반려자가 작은 다툼으로 감정이 상해 씩씩대며 각자의 공간에 떨어져 있을 때마다 신기하게도 우리 고양이들은 더 상처를 받아 위로가 필요한 사람을 챙기고는 한다. 한 마리씩 공평하게 분리되는 경우도 있고, 두 마리 모두 한 사람의 편을 들어줄 때가 있는데 다툼 후 내 옆에 고양이가 한 마리도 와 있지 않으면 뭔가 큰 깨달음을 얻으며 반성을 하게 된다. 아, 상대방이 더 속상한 상황인가 보다. 말하지 않아도 애들은 다 아는구나. 비슷비슷한 일을 몇 번 더 겪은 후 우리 고양이들은 현명한 판사이자 훌륭한 심리치료사라고 굳게 믿게 되었다.

마음으로 들리는 '말이 아닌 말들'이 있다. 대화는커녕 나의 도피처인 책 속의 말들까지도 버거울 만큼 지쳐 있을 때는 다른 언어에 기대어본다. 문장이 된 백 마디의 위로보다 더 진하게 와닿을 때가 있다. 오늘 아침만 하더라도 가장 먼저 눈을 마주치고, 함께 같은 공간에서 숨을 쉬고 있다는 것만으로 지금의 소중함과 행복을 느끼게 해 준 건 다름 아닌, 늘 내 머리맡에서 잠이 들고 눈을 뜨는 고양이였다.
"일어났구나. 빨리 날 쓰다듬어라."
때때로 마음으로만 들리는 말들이 있다.

Letter 1.

"안녕하세요"

안녕하세요. 처음 뵙겠습니다. 우리가 어떤 연유로 처음 얼굴을 마주하고 인사를 나누게 되었는지는 모르겠지만, 어쨌든 눈을 마주친 이 순간부터 우린 적어도 한 번 인사를 나눈 사이가 되었습니다. 저는 낯을 가리고, 처음 보는 사람을 경계하는 편입니다. 지금 이 순간에도 우리 사이에 흐를 정적과 어색한 분위기가 두려워 어떤 말을 건네야 할지 머릿속이 복잡하지만, 그대는 알 수가 없겠지요. 저는 지금 웃고 있으니까요.

사실 저는 방금 당신과 인사할 때 일부러 아무 생

각을 하지 않았습니다. 당신의 첫인상에 대한 제 주관적 인식이 들어오는 순간 저도 모르게 편견을 가지게 되기도 하니까요. 우린 단순히 눈을 마주치고 짧은 말 한마디를 건넨 것뿐입니다. 앞으로 당신이라는 사람을 더 자세히 알아가게 될지 아닐지는 상황에 따라 너무나 달라지겠지만, 지금 저에게 당신이란 존재는 그저 태초의 빛에 지나지 않습니다. 당신에게서는 당신만의 빛이 납니다. 빛에 대해 어떤 평가나 파악이 가당키나 할까요? 빛은 그저 빛입니다. 그저 빛.

어떤 만남은 고요한 침묵이 전혀 어색하거나 불편하지 않습니다. 굳이 대화를 이어 나가지 않더라도, 서로에 대해 궁금해하지 않더라도, 공간을 채우는 공기의 흐름에는 아무런 영향을 주지 않습니다. 굳이 당신이 어색해 할까 봐 제가 괜한 말을 덧붙일 필요도, 제가 불편할까 봐 당신이 괜한 안부를 한 번 더 묻는 일도 없습니다. 상대에 대한 배려의 온도가 정확하게 일치해야 가능한 일입니다. 저는 그 적당한 거리에서 오는 안정감이 딱 좋습니다만, 대부분 그 적막한 평온의 상태가 유지되기 힘들지요. 우린 모두 빠르기가 다른 사람들이니까요.

속도의 균형이 무너지면 마음과 동공에서 지진이 일어납니다. 당신의 물음에 어떤 대답을 해야 질문한 그대가 민망해하거나 당황하지 않을까. 저는 또 어떤 유형의 말을 건네야 조금의 실례도 되지 않는 편안한 대화가 될까. 초면에서 구면으로 넘어가는 이 과정은 왜 언제나 늘 이렇게 많은 에너지를 쏟아야 하는 것일까요. '제발 대답하기 편한 질문을 해주세요'라고 속으로만 바라고 있습니다. 인사 뒤에 가장 흔하게 따라붙는 말들은 "식사하셨어요?", "어디서 오셨어요?", "어떻게 오셨나요?"와 같은 물음이겠지요.

저는 누군가를 처음 만나기 전에는 늘 긴장이 돼서 밥을 잘 먹지 못합니다. 하지만 안 먹었다고 솔직히 얘기하면 대화가 좀 더 길어질 우려가 있으므로 그냥 먹었다고 대답합니다. 지금은 양평에 살고 있습니다. 수도권이기는 하지만 대부분의 약속은 서울에서 이루어지기 때문에, 제 대답에 상대방이 미안함을 내비칩니다. 멀리까지 나오느라 고생하셨다고 하면서 집과 더 가까운 곳으로 약속을 정할 걸 그랬다면서요. 그래서 급히 에둘러 대답합니다. 근처에서 볼 일이 있어서 이미 나와 있었다고요. 어떻게 오셨냐는 질문이 난이도가 가장 높기는 한데, 어떻게가 어떻게인지, 어떻게 대답해야 하는지 잘 모르겠어요. 걸어서, 지하철이나 버스를 타고, 혹은 운전을 해서 왔다고 해야 할지, 처음 만나는 이 자리가 불편할 것을 알면서도 "당신을 만나서 해야 할 일이 있으니까 왔지요"라고 해야 할지, 아니면 기쁜 마음으로 설레서 혹은 떨리는 마음에 긴장하면서 왔다고 해야 할지 모르겠습니다. 그 외에 이런저런 수많은 이야기가 오가는데 별다른 알맹이가 없는 것 같습니다.

통상적인 인사말들이 있잖아요? 저는 이상하게 그게 어렵습니다. 제가 말에 대해 지나치게 깊이 생각하고 온전히 받아들이는 사람이라는 걸 인지하고부터는 의미가 담기지 않은 타인의 말은 흘려듣고, 으레 그래 온 것들이라고 넘겨듣는 게 습관이 되어 이제 저는 괜찮습니다만, 아무래도 저는 저로만 살아왔기 때문에 세상 사람들 모두가 저처럼 민감한 줄 알잖아요. 혹시 내 말과 내가 선택한 단어에 당신의 기분이 달라질까 봐 우려가 되는 것입니다. 제가 질문을 하면 당신이 대답을 해야 하잖아요. 질문이라는 게 듣는 사람에 따라서 대답하기 곤란할 수도 있고, 무례한 언행이 될 수도 있어서 전 처음 만나는 사람에겐 웬만하면 질문을 하지 않으려 해요. 솔직히 그렇게 궁금한 것도 없고요. 잘 모르는데 당신에 대해 딱히 궁금한 게 있을 리 없잖아요. 그렇다면 온점이 찍히는 문장의 영역으로 들어가야 할 테지요. "날씨가 참 좋아요"라는 말을 건네고 싶은데, 당신의 기준에선 하늘이 맑고 햇빛이 환하게 비치는 날이 좋은 날이 아닐 수도 있잖아요. "꼭 만나 뵙고 싶었어요"라는 말에 당신은 그렇지 않았다면, 혹시 억지로 끌려 나온 자리라면, 지금 얼마나 불편하겠어요.

제가 너무 쓸데없는 걱정이 많아 보이죠. 맞아요. 저도 알아요. 그래서 이 생각들은 속으로만 해요. 당신에게 불편한 기색은 내비치지 않을 겁니다. 걱정하지 마세요. 당신이 하는 말들은 제가 알아서 잘 거르고 정화해서 마음에 담겠습니다. 제 말을 받아들이는 당신의 반응만 신경 쓰일 뿐이에요. 가만, 근데 생각해 보니 당신도 저와 같으실 수 있네요? 제 말들을 당신 안에 잘 놓아두기도 하고, 몇 개는 내다 버리기도 하나요? 만약 그렇다면 근심을 조금 덜 수 있을 것도 같은데……. 저 조금은 편해져도 괜찮을까요?

궁극적으로 초반의 이 불편한 어색함을 현명하게 잘 감수하여 우리가 잘 지냈으면 좋겠습니다. 건강하게 치열한 갈등과 토론은 늘 환영합니다만, 속마음에 생채기를 내면서 서로를 물고 뜯으려는 공격적인 대화와 관계는 정말 너무 힘들어요. 저는 우리가 건실하고 편안한 관계가 되기를 진심으로 소망합니다. 우리의 짧은 인사 속에서 목소리, 눈빛, 분위기를 종합해 당신 마음이 제게로, 제 마음이 당신에게로 무사히 전달되었으면 좋겠습니다.

안녕하세요. 처음 뵙겠습니다.

* * *

Talk 2.

잊지
않으려
다짐하는

무수히
남겨진
말들

"나는 원래 그런 사람이야"

실망으로 여기저기가 쓰라리다. 속상한 감정을 털어 내버리려 괜히 남 탓을 하고 싶은 날엔 제일 먼저 만만한 세상 탓을 한다. "세상은 원래 이래." 근본적으로 이곳은 부당함과 미움으로 가득 차 있다고. 원망을 내뱉으며 삶의 고통과 고단함을 풀어내다 보면 마음이 조금 괜찮아지는 날도 있고, 이런 세상 살아서 무엇하리 한탄하며 더 비관적이 되어 땅을 파고 들어가기도 한다. 우울이 덮쳐 생각이 꼬리를 물던 날에 "언제부터 부당한 세상이었을까?"라는 답 없는 물음에 당도했고, 나 자신에게 여러 번 되묻다 보면 마침

내 자답을 하게 된다.

"내가 그렇게 생각한 그 순간부터."

 엄마는 정리의 달인이었다. 유난히 서랍과 수납장이 많던 우리 집의 모든 물건들에는 '제자리'라는 것이 있었다. 제자리를 정해 기억하고 유지시키는 건 오로지 엄마에게만 가능한 일이었다. 내가 중학생이었던 때 엄마와 치열한 제자리 논쟁을 벌인 적이 있다. 한참 겉모습 꾸미기에 관심이 많아지면서 엄마의 물건을 빌려 사용하는 일이 잦아졌다. 엄마는 마법의 브러시를 가지고 있었는데, (사실 일반적인 브러시 빗이었지만 지금까지도 그 빗만큼 머리를 풍성하고 부드럽게 빗어 주는 빗을 만난 적이 없) 내가 빌려 쓴 후 도저히 어디에 놓았는지 기억이 나지 않는 것이다.

"원래 다 두는 곳이 정해져 있는 건데, 바로바로 정리했으면 이런 일이 없지. 아니 물건을 사용하고 제자리에 두는 게 뭐 그렇게 어려운 일이라고."
 아침부터의 동선을 복기해 내며 어디에 두었는지

추적을 하고 있는데 엄마의 잔소리에 기분이 상해버렸다. 나는 고집을 부리고 싶어졌다.

"물건이 땅에 붙어 있는 것도 아닌데 제자리가 어딨어. 그리고 원래가 어딨어! 엄마가 정리한 대로 물건이 계속 그 자리에 있기를 바라는 거지. 그리고 애초에 그 빗이 있던 자리를 찾으려면 손잡이 나무를 어디서 베어 왔는지부터 알아봐!"

바득바득 대든 말에 엄마의 눈동자가 잠시 흔들렸다. 웃음기 없는 목소리로 "그래, 앞으로 뭐라고 안 할게"라고 하신 후엔 의미심장한 표정이 스쳤다. 빗은 결국 나의 옷장 서랍에서 발견되었다. 머리를 빗은 후 옷을 갈아입다가 엉겁결에 넣어놨나 보다. 빗을 돌려드릴 때도 엄마는 별말씀이 없으셨다. 다행이었다. 하지만 엄마의 잔소리를 잠시 중단시키려 나만의 제자리론을 펼친 일이 훗날 큰 후폭풍을 몰고 오게 되었으니…… 한동안 나에게 '원래'는 원천 봉쇄되었다.

주말에 연달아 방영하는 TV 예능을 보며 시간을 보내고 있는데, 씻고 보는 게 어떻겠느냐는 엄마의 제안에 "원래 이거만 보고 씻으려 했는데"라는 나의 둘러댐이 가로막혔다. 원래라는 게 어디 있냐며 다짐과 계획이 틀어짐과 동시에 원래는 사라지는 거라고. 당시의 유행에 따라 조금 더 딱 맞게 입고 싶어서 교복 치마를 줄인 날, 줄인 이유를 물으시는 엄마께 "원래 나는 안 줄이고 싶었는데 엄마가 큰 걸 사줘서……"라는 말에는 "원래가 어딨어. 이미 줄였잖아. 너의 원래는 사라졌고, 교복의 원래도 달라졌어"라는 말을 들었고, 친구와 말다툼을 하고 속상해서 엄마에게 "원래 걔가 그런 성격이 아닌데……"라고 그날 있었던 일을 하소연하던 순간마저도 "원래가 어딨어. 걔를 다 알아? 서로 안 맞는 부분이 있으면 다툴 수도 있는 거지"라며 나의 똥고집을 고대로 되돌려 주셨다.

처음엔 뭐 이렇게 유치하게 복수를 하냐며 투덜거렸는데, 반복해서 듣다 보니 어쩐지 맞는 말인 거다. 원래라는 단어는 '처음부터 또는 근본부터'라는 뜻을 담고 있다. 나의 "원래……"는 나를 방어하는 수단으로만 쓰이고 있었다. 온전한 회피와 부정이다. 애초에 이 세상 모든 것은 처음과 근본을 가늠하기 어렵다. 내 입으로 내뱉은 대로 원래가 어딨으며, 있다고 한들 내가 어떻게 알겠는가. 엄마께 물건을 잘 관리하지 않고 괜한 억지를 부려 죄송하다는 말씀을 드린 후에야 '원래 봉쇄 소동'은 일단락되었지만, 이 일은 꽤 오래 가슴에 남았다.

이후에도 숱하게 '원래'로 시작한 모면의 순간들. 감정을 조절하지 못하고 목소리가 커졌다가 급하게 수습하며 "원래 제가 이런 성격이 아닌데요", 궁금한 것들을 이것저것 물어오는 후배가 귀찮아질 때쯤 "원래 다 그런 거야", 나를 이해해 주지 않는 타인과 의견 충돌이 있을 때 설득할 노력을 기울이기도 전에 "나는 원래 그런 사람이야", 이 글의 처음으로 돌아가 마음이 힘들어 구태여 남 탓을 하고 싶을 때도 "원래 세상이 이런 거야."

아직까지도 가끔 자기합리화의 수단으로 혹은 습관적으로 그 단어를 툭 내뱉고는 금세 고개를 가로젓는다.

나는 내 기분조차 완전히 파악을 하지 못해서 스스로도 주체 못 할 감정의 소용돌이에 휩싸이고는 한다. 자신의 근본과 시작조차 제대로 모르면서 여러 곳에서 방향이 잘못된 합리화와 아는 체를 하고 있다. 잘 모르는 건 절대 속단해서는 안 된다. 고로 스스로 "나는 원래 그런 사람이야"라는 결론을 내릴 수 없는 것이다. 나는 어떤 사람이고, 지금 심정은 어떤지, 내 마음이 하는 이야기에 귀를 기울여야 할 때, '원래'의 자신을 완벽하게 잘 안다는 오만, 미리 선을 긋고 재단하는 습관은 내 감정의 경청에 전혀 도움이 되지 않을 것이다. 분명한 건 나는 끝끝내 고작 나 하나의 원래조차 다 알지 못한 채 살다 갈 것이라는 거다.

"손이 없어, 발이 없어"

한참 이런저런 논쟁들이 유행할 때였다. 깻잎과 새우 논쟁이 대표적인데, 여럿이 함께 식사를 할 때 남자친구 혹은 여자친구가 내가 아닌 다른 사람의 깻잎 반찬을 떼어주어도 되는가, 새우껍질을 까 주어도 되는가로 의견을 대립하여 작고 가벼운 논쟁을 벌이는 것이다. 나는 늘 '상관없다'의 입장을 고수해 왔지만, 다른 사람의 롱패딩 지퍼를 올려주어도 되는가 만큼은 달랐다. 같은 방송에 출연하던 동료들과 갈린 이견을 소리 높여 주장하다가 "참나. 손이 없어, 발이 없어? 지퍼를 왜 스스로 못 올리는데!!!"라고 내뱉어 놓고는 그 말이 다시 내 귀를 통해 나에게 도달한 순간 모골이 송연해졌다. 나 도대체 지금 뭐라고 한 거지?

너무 놀라 일순간 몸이 굳고 식은땀이 흘렀다. 혹여 나의 발언에 누군가의 마음이 다쳤을까 빠르게 눈을 굴려 분위기를 살폈다. 스태프분들을 포함하여 30여 명의 사람이 모여있던 그 자리에서는 겉보기에 큰 불편함을 느낀 사람은 없는 것 같았다. 적어도 그 안에서는 나의 말실수(나는 분명 실수라고 생각했다)로 인해 상처를 입은 사람이 없다는 안도감이 들면서도 다른 한편으로는 우리가 흔히 쓰는 표현과 통용 언어에 대해 다시 한번 돌아보게 되었다.

지인들과의 수다 중 K는 직장 상사와의 관계에서 겪는 어려움을 토로하며 "아, 진짜 스트레스 받아서 암 걸릴 것 같아"라는 말을 해놓고는 몇 초 지나지 않아 엉엉 울어버렸다. K의 어머니는 췌장암으로 투병하시다 몇 개월 전 돌아가셨다. 몇 년 동안 어머니의

병상을 지키고 그 고통스러운 과정을 옆에서 지켜보고서도 아무렇지 않게 쓴 자신의 표현이 스스로에게 아픈 상처를 냈다고 했다. 이 표현을 교과서나 책에서 배웠겠는가. 드라마나 영화, 예능 등 매체에서 접하기도 하고, 그냥 평소에 친구들 사이에서 아무 생각 없이 쓰고 듣던 말 습관이었을 것이다.

연극을 할 때의 일이다. 비밀을 가진 남편에게 속아오던 내 캐릭터가 새롭게 알게 된 진실들과 마주하면서 (물론 그마저도 진실이 아닌 오해였지만) 하는 대사가 있었다.

"세상에 난 장님이었나 보네."

수없이 연습하고 다른 사람들의 연습을 지켜보면서도 인지하지 못하고 있었는데, 본 공연이 2주 정도 진행되었을 무렵 내 회차의 공연을 본 관객분께 SNS로 메시지 한 통을 받았다. 신나게 웃으며 즐겁게 공연을 관람하던 도중 '장님'이라는 표현에 심장이 내려앉는 기분이었다고. 앞을 보지 못하시는 어머니와 함께 살고 있다고 밝힌 그녀는 자주 보는 연극, 드라마, 영화, 문학작품 등에서 나오는 장애에 대한 차별이나 비하 표현이 늘 불편했으나 어쩔 수 없는 거라 체념하고 넘겼다고 한다. 하지만 이번엔 처음 본인의 심경을 얘기하는 거라고 하시면서, 좋아하는 배우인 언니만큼은 확실한 의도나 특별한 이유 없이는 그런 표현을 쓰지 않았으면 좋겠다고 이야기해주었다.

사람마다 느끼는 불편함과 차별, 혐오, 비하의 정도는 다 다를 수 있다. 때문에 모든 것을 다 완벽하게 맞추기란 어렵다는 것을 알지만, 메시지를 보낸 분이 말씀해 주신 '확실한 의도나 특별한 이유 없이'라는 말이 깊숙이 박혔다. 다시 생각해 보아도 내가 내뱉는 대사는 의도나 이유가 내포되지 않은, 그냥 관용적으로 쓰는 습관적인 표현임이 분명했고 누군가는 충분히 마음 아프게 들을 수 있는 말이다. 나는 답장을 통해 그분께 사과드렸고 앞으로는 전반적인 표현과 말들에 더욱 신경 쓰겠다고 약속과 다짐을 한 후 바로 다음 공연부터 대사를 바꾸었다. 이야기의 흐름을 깨지 않으면서 대체해 사용할 수 있는 표현이

상당히 많았다.

조금만 주의 깊게 살펴보면 누군가의 가슴을 후벼 팔 수도 있는 폭력적인 말들이 아무렇지 않게 쓰이고 있다는 걸 깨달을 수 있다. 언어는 상호보완적인 표현 수단이라 자신만의 단어나 관용구를 독창적으로 만들어내지 않는 이상, 많이 쓰는 말들은 많이 들은 말이기도 하다. 즉 엄청나게 많이 쓰인다는 것이다. 그러니 문제점을 알아채기도 쉽지 않다. 애석하게도 잘못들인 습관들은 이미 딱 달라붙어 떼어내기 까다롭다. 혀 아래 도끼가 들었다고 했다. 내가 놀리는 혀는 누군가에게는 상흔을 입히는 흉기가 될 수 있다. 그만큼 말은 신중해야 하고 무거워야 한다.

혹자는 그럴 것이다. 수많은 통용 표현들을 하나하나 다 신경 쓰고 살다 보면 도대체 어떤 말을 할 수 있겠냐고 말이다. 그 말도 분명 맞다. 불편함을 느끼는 일이 잦아지면 일상생활 자체가 불편해진다. 인식하지 못한 채 습관적으로 써오던 말들인데 별안간 일

일이 촉각을 곤두세우다 보면 말을 하는 행위 자체가 어색하고 힘든 일이 될 수 있다. 나 또한 사사건건 모든 말에 제한을 두고 늘 곤두선 채 지내고 싶지는 않다.

그래도 모두를 위해, 아주 조금만이라도 불편해져 보는 건 어떨까. 아무리 조심하고 노력해도 모든 말이 결코 모두에게 아름다운 말일 수는 없다. 앞으로 우리는 계속해서 수많은 표현을 구사하며 살아야 할 텐데 적어도 나에게서 나온 말들이 어떤 말인지 자각하고 돌아보면서 '조심'이라도 해 보는 게 어떨까. 인지하고 유념하는 것만으로도 배려의 문은 열릴 수 있다고 믿는다.

"말썽 부리려고 태어났어?"

이따금 극도로 화가 났을 때 뱉는 나의 말들을 뒤돌아보면 내 인성을 의심하게 된다. 평소에는 분노가 들끓는 상황이라도 타인의 눈을 의식해 감정을 억누르며 에둘러 최대한 좋은 말과 적절한 단어를 신중하게 고르면서, 나의 화를 받아줄 거라는 확신이 있는 대상에게는 도리어 할 말 못 할 말 구분 못하고 터트리게 된다. 한 번씩 그러고 나면 꼭 자책감에 시달리면서도 말이다. 나의 모든 언행을 다 품고 이해해 주리라는 믿음과 신뢰에 대한 무한한 감사와 사랑을 보내도 모자랄 판에 미숙한 치부를 굳이 드러내 감정의 쓰레기통으로 이용하다니, 확실한 인성의 문제다. 반성하고 또 반성해야 한다.

어릴 때는 부모님과 그랬다. 바깥에서 만들어진 좋지 않은 기운을 집으로 끌어안고 와서는 분을 풀 기회를 노리고 있었던 것마냥, 평소와 다름없는 엄마의 말에 괜한 꼬투리를 잡아 투정을 부리고 역정을 냈던 것 같다. 말을 못되게 한다며 꾸짖는 엄마의 반응에 새로운 자극을 받다 보면 그때부턴 이 화의 시작점이 엄마의 잔소리였다고 치환되는 것이다. 끝나지 않는 화의 꼬리 물기가 이어진다. 엄마도 나와 비슷했다. 아빠와 다툼이 있으면 꼭 나한테 불똥이 튀고 화풀이를 했다. 엄마의 모진 말들이 진심이 아니라는 것을 알고 있음에도 보듬고 이해해 줄 요량 없이 오는 대로 받아 덤비고 대꾸하면서, 서로에게 말로써 상처를 냈다. 그러다 소강상태가 되면 뒤늦게 울며불며 연고를 발라주기 바빴다. 다행히 그때그때 잘 아물어 지금까지 흉터가 남아 있지는 않지만, 우리는 서로에 대한 믿음을 과신하며 해서는 안 될 말들을 어지간히 많이도 주고받았다.

　부모님으로부터 독립한 후, 내가 그 당시 엄마의 나이에 가까워지면서 각성하게 되었다. 가끔 얼굴을 보는 정도의 물리적 거리감이 생기면서 그 자리에 애틋함이 자리 잡았다. 가까이 있을 때는 느끼지 못했던 서로 간의 감정이 증폭되면서 대화의 결이 바뀌었다. 과거 투정으로 시작되어 화로 번지던 나의 말은 안부로 시작해 사랑으로 끝나게 되었고, 원망과 부정적인 단어로 가득했던 엄마의 말은 고마움과 희망의 말들로 채워졌다. 서로에게 가장 소중한 존재임이 분명한데도 매일 붙어있을 때는 왜 몰랐을까?

　바쁠 때면 몸이 피곤해 고양이 화장실 치우는 걸 자꾸 깜빡한다. 나의 첫째 고양이는 순하디순한 성격이지만 화장실 문제만큼은 이해해 주지 못했고, 불만의 표현으로 침대에 쉬를 해놓곤 했는데, 일이 끝나고 집으로 돌아와 지친 몸과 마음을 따듯한 물로 씻어낸 뒤 쓰러지듯 침대에 누웠을 때 축축함을 발견하면 머리끝까지 화가 나고는 했다. 화장실을 제때 치워놓지 않은 내 잘못이었음에도 불구하고, 밖에서 가지고 온 피곤을 더해 고양이에게 짜증을 냈다. "왜 사고를 쳐! 너 말썽 부리려고 태어났어?"라고 소리를 질러놓고는 고양이와 눈이 마주치자마자 정신이 번쩍 들었다. 세상에서 제일 예쁜 나의 고양이에게 무슨 말을 한 거지, 혹시라도 알아들었으면 어쩌지 하는 불안에 눈물까지 터졌다. 너무 미안하고 부끄럽고 속상했다. 고양이를 꼭 끌어안고는 잠깐 이성을 잃어 마음에도 없는 소리를 했다면서, 넌 아무런 잘못도 하지 않았고, 응당 사랑만 받으려고 태어난 거라며 거듭 사과를 하고 수없이 뽀뽀를 퍼붓고 나서야 품에서 놓아주었다. 머냥이는 다행히 내 마음을 알아주었는지 새로 깐 폭신한 새 이불로 올라와 내 옆에 꼭 붙어 잠이 들었다. 다시 생각해도 아찔하다. 아무리 화가 났다지만 어떻게 저런 말을 할 수 있었는지.

쌓이고 쌓인 묵은 부아를 터트리며 눈물이 먼저 쏟아져 앞이 흐려지더라도, 부디 말만은 고르고 골라 내뱉자고 여러 번 다짐을 하는데도 지키기가 쉽지 않다. 반려자와 함께 살기 시작하면서도 같은 종류의 갈등을 겪었다. 둘 다 다른 곳에서 물어온 감정으로 예민해져 별것 아닌 일에 서로를 향해 바짝 손톱을 세워대는 것이다. 생각 없이 휘두르는 말들은 족족 상흔을 입혔다. 수차례 반복되고 나서야 찢기고 찢겨 너덜너덜해진 서로를 발견하고는 부둥켜안고 며칠을 울었다. 끝이 어딘지 가늠이 되지 않는 어두운 터널을 함께 빠져나온 기분이었다. 아직도 우리는 둘 사이에서 피어난 자잘한 이견들로 뜨거운 논쟁을 벌이고는 하지만, 적어도 밖에서 가져온 풀지 못한 숙제들로 서로를 힘들게 하지는 않기로 했다. (물론 하지 않기로 했다고 하지 않는 것은 아니지만…….)

감정이 격해졌을 때의 언행만 보아도 그 사람을 파악할 수 있다고 했다. 내가 아무리 내 기준대로 좋은 사람으로 살아내려고 애써 봤자 가까운 사람에게만 극단적인 감정을 드러내는 사람이라면 근본이 제대로 된 사람일 리 없다. 내 안에 쌓인 것들, 하물며 내가 버리지 못하고 미련하게 묵히고 쌓아온 것들일 텐데, 이걸 절대로 다른 사람, 특히 나에게 소중한 사람들에게 풀어내지 말자. 아무리 사랑과 신뢰로 점철된 사이일지언정 그들이 이를 받아 주고 감내할 의무는 없다.

"MSG 좀 그만 치세요"

책, 드라마, 영화 속의 감명 깊은 구절과 대사를 필사해 놓은 노트가 있었다. 손 글씨 쓰는 걸 좋아해 글씨체 연습도 할 겸 쓰기 시작한 노트의 맨 뒷장에는, 전반적인 노트의 감상과는 어울리지 않는 생뚱맞은 문장 하나가 메모되어 있다.

"토크에 MSG 좀 그만 치세요."

모 방송 예능 프로그램에서 자신의 일화를 비현실적이다 싶을 정도로 과장해 재미있게 풀어내는 한 출연자에게 다른 출연자가 던진 농담으로 처음 접한 표현이다. 음식에 MSG 같은 첨가물이 적당히 가미될 때 더 감칠맛을 내는 것처럼 간이 덜 된 이야기에 섞은 첨가'말'을 MSG로 빗댄 것일 테다. 부연 설명 없이도 단박에 이해되는 신선한 표현과 센스에 감복하여 필사 노트에까지 써놨나 보다. "말맛을 살리는데도 MSG가 필요하긴 하지"라고 신나게 공감했다. 그리고 한때 나는 그 자극적인 맛에 완벽히 중독되었다.

자기 PR 시대라는 말이 유행하기 시작하던 즈음, 스스로 나를 만들고 홍보해 반드시 주목받아야만 한다는 강박에 사로잡혀 있었다. 수없이 이어지는 오디션에서 경쟁자들의 위에 설 수 있는 방법 중 하나로 '기억에 남을 만한 사람으로 보이기'를 시전했고, 꽤 잘 먹혀들었다. 미팅 중간중간에 상대방이 흥미를 보일 만한 소재가 보이면 바로 캐치해 내 경험이나 생각을 부풀려 이야기했고, 간혹 전혀 모르는 분야임에도 분위기에 맞춰 동조하고 맞장구를 치곤했다. 한참 '4차원 캐릭터'가 매력적인 사람으로 인식되어 인기를 끌 때는 평소 전혀 하지 않던 말이나 행동까지 하면서 조금 더 튀고 특이해 보이고 싶어 발버둥 쳤다. 나는 전혀 그런 사람이 아닌데도 말이다. 사람들의 반응이 좋아 멈추지 못하고 계속 뿌려댄 MSG는 결국 나를 잠식하기에 이르렀다.

    드라마 오디션을 볼 때였다. 전체적인 몸의 비율에 비해 유달리 하체가 두껍게 발달한 체형이었던 나에게 다리가 축구선수 같다고 놀라던 감독이 있었다. 분위기를 망치기 싫어서 중학교 때 축구를 한 적이 있다고 얘기했다. 중학교, 고등학교 때 사설 축구 캠프에 다녀온 경험이 있었기 때문에 거짓말은 아니라고 합리화하면서 말이다. 오디션장에 있던 관계자들 역시 관심을 보이자 덩달아 신이 나기 시작했다. 여자 축구의 저변이 약하던 시절이었던지라 관심을 가지고 열심히 뛰면 선수가 될 수도 있고, 국가대표 상비군까지 노려볼 수 있다고 하신 코치님의 말이 생각났다. 물론 캠프 참가자에게 으레 하는 인사차의 격려 멘트라는 걸 뻔히 알고 있었으면서도 마치 내 실력이 좋았었다는 것처럼 부풀려 얘기했다. 오디션 합격만을 위해 몇 겹을 포장해 부피만 늘린 나의 말은 독자적인 특이 경력이 되었고, 좀 과했나 걱정하던 나조차도 시간이 지나자 대수롭지 않게 생각하게 되었다.

시간이 흐른 뒤, 어느 날 채널을 돌리다 우연히 여자 축구선수들의 생활을 담은 다큐멘터리를 보게 되었다. 불안정하고 열악한 환경 속에서도 오로지 자신의 꿈을 위해 행복하게 달리는 그녀들의 이야기를 (간접적으로나마) 듣고, 그제야 내가 부풀린 말들이 얼마나 한심하고 무례했었는지 깨달았다. 누군가에겐 인생의 전부인 소중한 것을, 고작 관심 한 꼬집 더 받고 싶어 화젯거리로 이용했었다는 부끄러움에 죄책감이 몰려왔다. 무엇보다 선수분들께 너무 죄송했다. 앞으로 절대 내 것이 아닌 것들을 나의 입을 통해 내보내지 않겠다고 다짐하면서도 곧 절망했다. 이미 수많은 말을 지어냈고, 보잘것없는 나를 과장했고, 다수를 불편하게 하고 싶지 않아 소수를 불편하게 하는 것들에 침묵하고 살아왔음을 새삼 알아챘기 때문이다.

회식과 술자리를 좋아하지 않음에도 일도 잘하고 놀기도 잘 노는 사람으로 보이고 싶어서 이기지도 못할 술을 들이붓고는 속병이 나 앓아누워 있던 날들. 여자는 조신해야 한다는 차별적 헛소리가 듣기 싫어 일부러 남성적 취미라고 불리는 것들만 쫓아 활동적인 사람인 척해왔던 때. 변화를 반기지 않는 정적 성향을 숨기고 늘 가쁘게 유행을 따르며 안달했던 꼴들. 언제부터 어떻게 변했는지도 모른 채 그저 한 명의 '관심이 고픈 사람'이 되어 있었다. 혐오스럽기까지 했다. 하지만 되돌릴 수 있을 리 없다. 흉물스러운 지금의 내 모습을 만든 건 다름 아닌 나 자신이다. 내 몸과 입에서 비롯된 돌이킬 수 없는 행적이자 업보였다.

본래면목의 진정을 왜곡해 지속적으로 떠벌리다 보면 어느 순간 뒤틀린 현재를 진실이라 믿게 된다. 수많은 음모론들과 기사들만 그런 게 아니다. 분명 개인에게도 적용된다. 처음엔 작디작은 눈 뭉치일지라도 비탈길을 달려 내려오다 감당할 수 없는 커다란 눈덩이가 되어 결국 나를 덮치고야 말 것이다. 다행히 깔려 죽지 않아 빠져나올 수 있다고 해도 따르는 수치심과 자괴감은 오롯이 본인이 감당해야 할 몫이다.

몇 년 후, 초등학교 학생들을 대상으로 하는 축구 선수 육성 프로그램에 참여할 기회가 주어지면서 과거 나의 발언들을 정정하고, 축구 캠프를 다녀온 게 전부였다는 솔직한 이야기를 할 수 있었다. 나의 과오들이 지워지지는 않겠지만 체증이 내려가 속은 한결 가벼워졌다. 앞으로의 나를 어떻게 요리하냐에 따라 어느 정도 정화가 될 수도 있다는 위안을 얻었다. 이제부터라도 질 좋은 것들만 삼키고, 중독적인 맛에 휘둘리지 않으리라. 난 여전히 디톡스 중이다.

"스스로를 지키기 위한 최선의 방어"

누구에게나 공평하게 주어지는 것들 중 가장 중요한 것으로 많은 이들이 시간을 꼽는다. 쓰는 방법과 활용에 따라 많은 것들이 달라진다는 걸 우리는 익히 알고 있다. 온전히 내 것이기에 내 자원의 가치를 높이는 건 개인의 능력이다. 사유도 오롯이 내 것이다. 역시 자유다. 머리 아픈 게 싫어 최대한 단순하고 긍정적으로 생각할 수도 있고, 사소한 것 하나에도 관심을 기울이고 꿰뚫어 깊이 바라보기도 한다. 그렇다면 나의 말은? 마찬가지이다. 고로 어떻게 말할 것인지는 각자의 선택이다.

말 한마디에 감동하고, 상처받고, 위로를 얻고, 분노하기도 하는 등 감응의 오르내림이 심한 성질을 가지고 있다 보니 타인의 모든 말에 무량한 의미를 부여하고는 했었다. 나의 말에 있어서도 상대가 괜스레 오해하는 일이 없도록 각별히 신경을 썼다. 사람이 제각기 다 다르듯 말이라는 자원도 여러 방면으로 다양하게 사용한다는 것을 이해한 건, 이미 많이 자란 후였다.

다른 사람이 별 뜻 없이 던진 말을 내 방식대로 해석해서 공연히 상처를 받는 일이 많아졌다. 나라면 절대 쓰지 않을 단어나 문구를 서슴지 않고 내보내는 사람들을 보면서 그게 다 진심에서 우러난 악의인 줄 알았던 때, 마음을 긋는 모든 말을 붙잡아 부득부득 되새긴 후 더 날카롭게 되돌려줄 방법을 궁리하며 다짐했다.

"반드시 당신에게 상처가 될 말들을 찾아낼 거야."
누군가가 말로 공격을 가한다면 바로 태세를 전

환해 상대방의 단점을 찾아 비수가 될 만한 말을 꼽았다. 뼈 있는 말, 비꼬는 말, 못된 말, 상처가 될 말을 배로 돌려주는 것만이 최고의 복수이고 다친 나를 달랠 보상이라 생각했었다.

 영화인들과 가볍게 식사를 하는 자리였다. 최근 작품 흥행에 성공한 A 감독님이 몇 년째 영화를 찍지 않고 있는 B 감독님을 은근히 깔보는 것 같았다. 선을 넘는 언사에 듣고 있던 나조차 화가 날 지경이었는데, 당하고 있는 감독님은 "허허허" 사람 좋은 미소로만 응수하고 계신다. 부스럼이 날까 선뜻 끼어들지 못하고 불편해하다가 A 감독님께서 잠시 화장실에 갔을 때 서둘러 불만을 내비쳤다. 기분 나쁜 티를 내셔도 될 정도로 노골적인데, 왜 가만히 계시느냐고 여쭈었다. B 감독님은 상대방이 말에 뼈를 담아 공격을 하든, 무게 있는 비난을 하든 "내가 받아들일 마음의 여지를 주지 않는다면 떠도는 허공의 말일 뿐이지만 그 말의 꼬리를 잡는 순간 타격을 입게 되는 것"이라고 했다. 괜히 맞받아쳐 불필요한 곳에 굳이 에너지를 쓸 이유가 없지 않냐면서 경계는 하되, "스스로를 지키기 위해 최선의 방어"만 하는 것이라고 하셨다. 혹 유독 특정한 발언들에 열이 나고 기분이 나쁜 것은 내재되어 있는 열등감의 발현일 수도 있으니, 그럴 땐 오히려 자신의 감정 반응을 더 냉정하게 볼 필요가 있다고.

해탈의 경지에 이른 듯한 B 감독님의 이야기를 듣고, 유치하고 치졸하게 복수나 꿈꾸던 나는 확실히 덜 자랐구나 싶었다. 상대의 의도와 상관없이 내 열등감을 건드는 말을 붙잡아 스스로를 찔러댄 것이다. 빗나갈 수도 있던 화살을 굳이 쫓아가 맞았나 보다. 최고의 공격은 방어라 했던가. 위협으로 느껴지면 되받아칠 게 아니라, 굳게 막아 들어오지 못하게 하면 되는 것이었다. 그럼 한사코 나쁜 말들을 연구하는 수고를 할 필요가 없다. 개중 악의를 가지고 말을 휘두르는 사람이 있다면 그보다 훨씬 더 성숙한 태도로 응수하게 된다.

하루 중 내가 하는 모든 말과 메시지를 정리해 문서화해서 들여다보고 싶다. 과연 마음에서 우러난 문장이 얼마나 있을까? 일차원적인 일상용어 몇 마디, 패턴화되어 버린 습관처럼 흘려 쓰는 표현들, 의미를 담지 않고 내보내는 말들. 고민해 꾹꾹 눌러 담다가 넘친 말들은? 말에 가장 큰 영향을 받는 나조차도 정작 모든 말에 가치를 싣지 않는다. 설사 매 순간 고심해서 의미와 의도를 가득 채우더라도 어차피 모든 말의 편집권은 각자에게 있다. 화자의 의도와 무관하게 각각의 감정과 가치관대로, 때로는 듣고 싶은 부분만 잘라 듣기도 한다. 모든 말에 민감하게 반응하고 있다면 현재의 자신이 작은 공격에도 취약해져 있는 상태라 왜곡해서 편집하고 있는 게 아닌지 돌아봐야 한다.

내 상태를 꼼꼼히 점검했는데도 자꾸 후벼파 들어오려는 말이 있다면 내 안에 박히기 전에 썰어버리면 그만이다. 떠도는 허공의 말에 과감히 칼질을 할 수 있는 건, 나를 향해 오는 말들에 전적인 편집권이 부여되어 칼을 들게 된 내 쪽이니 말이다. 아, 칼날은 항상 바깥을 향하게 두어 안전하게 보관할 것.

"아유, 나도 아직 어른이 되려면 멀었다"

몇 년 전 드라마 촬영 때 있었던 일이다. 세트 촬영 전, 출연진들과 다 같이 모여 대본을 리딩하는 날이었다. 반 정도의 분량을 읽고 잠시 쉬는 시간, 친한 연기자 동료 한 명이 대본으로 얼굴을 가리고 흐느끼기 시작했다. 그녀의 갑작스러운 행동에 그 자리에 있던 모두가 놀란 눈치였다. 조심스레 이유를 묻자, 쉽게 입을 떼지 못하고 몇 번이나 망설이던 그녀는 겨우겨우 사정을 이야기하기 시작했다. 어릴 때부터 함께 자라 온, 가족이나 다름없는 그녀의 강아지가 무지개다리를 건넜다는 소식을 방금 전해 들었다는 것이다.

시간이 멈춘 듯한 완벽한 정적이 이어졌다. 그 순간 그 공간의 분위기를 잊을 수가 없다. 다양한 세대가 만들어가는 가족 드라마였던 만큼 나이가 지긋하신 선생님부터, 연기 경력이 나의 나이를 웃도는 선배님들, 동료, 후배들 등 말 그대로 남녀노소가 공존하는 그 자리에서 그 어느 누구도 위로랍시고 말을 얹지 않았고, 탄식의 숨소리조차 숨어들었다. 그 안을 꽉 채운 침묵은 그녀의 상실에 대한 조용하지만 분명한 동조와 애도였다. 빠르게 공기를 읽은 그녀는 금세 눈물을 멈추고, 억지 미소로 괜찮다는 사인을 보낸 후 힘겹게 그 시간을 마무리했다.

리딩이 끝나고 곧 촬영이 시작되었다. 다행히 당일 촬영 분량이 적었던 그녀는 빠르게 촬영을 마치고 집으로 돌아갔다. 이후 촬영 순서에 맞춰 삼삼오오 모여 대기를 하던 공간에서 자연스레 그녀의 이야기가 나왔다. 몇 해 전 반려견을 하늘로 보내고 며칠간 아무것도 먹을 수 없을 만큼 힘들었다던 60대의 선배님은 "아이 참…… 개도 키만 컸지, 아직 애야. 어른이 되려면 멀었어, 멀었어"라고 말씀하시며, 울고 있는 후배 앞에서 그때의 감정이 떠올라 눈물을 참느라 힘들었다고 하시며 그새 눈시울을 붉히셨다. 나는 선배님께 여쭈었다.

"그럼 우리는 언제부터 진짜 어른이 되는 걸까요?"

잠시 생각에 잠겨 있던 선배님께서는 "상실과 외로움에 담담해지는 순간 진짜 어른이 되는 게 아닐까?"라고 말씀하셨다. 어느새 젊음이라는 단어와 멀어지고 내가 사랑했던 것들을 하나둘씩 잃어가면서, 순식간에 밀려 들어오는 온갖 감정들에 익숙해지고 자연스레 순응하게 되면 그제야 어른이라고 부를 수 있을 것 같다면서 결국 눈물을 보이셨다. 그러곤 급하게 손으로 눈물을 훔치며 민망한 듯 큰 소리로 웃으셨다.

"이거 봐, 이거 봐. 어머. 나 왜 눈물이 나고 이러니…… 아유, 나도 아직 어른이 되려면 멀었다."

늘 후배들에게 따뜻하고 존경받는, 너무나 사랑하는 선배님의 말씀에 가슴이 먹먹해졌다. 아직 그 감정을 아우를 수 있지도 못하면서 말이다. 상실과 외로움이라는 단어의 공허감이 마음을 아리게 했다.

겨우 인생의 3분의 1가량을 살아낸 나도 직접적인 상실의 영향권 안에 떨어진 적이 있었다. 가까운 사람이 갑자기 유명을 달리한 일, 잘 쌓아왔다고 자부했던 내 인생의 돌탑에서 너무나 커다란 균열을 발견했을 때, 스스로를 완벽히 잘 알고 있다는 교만이 변질되어 가면이 되어버렸음을 알아챈 순간. 상실의 중심에서 휘청이던 기억들은 일부러 흐릿하게 뭉개 놓은 것처럼 희미하다. 속절없이 시간을 흘려보냈고, 잠들기 전에는 다시 눈이 떠지지 않기를 기도했다. 다행히 주위의 도움으로 그 어두운 터널에서 빠져나올 수 있었지만, 어둠이 익숙해지면 몇 번이고 다시 기어들어 가게 된다. 완벽한 고독과 외로움이다.

우리는 가끔 갑작스레 잃은 것, 여러 가지 상실에 있어 감당할 수 없는 슬픔의 무게에 짓눌려 상상할 수 없는 아픔과 고통을 느끼고 좌절한다. 방금까지 멀쩡했던 세상이 눈앞에서 무너져내리기도 하고, 숨쉬는 방법을 잊은 듯 호흡이 힘들어지기도 한다. 도저히 감당할 수 없는 감정들이 밖으로 밀려 나와 주체할 수 없어지면, 이겨내지 못한 자신을 탓하면서도 오롯이 자신의 몫으로 남겨진 극복이라는 과제가 버거워 자꾸 넘어지게 된다.

부모님의 연세가 많아지시고, 함께 사는 고양이들이 평균 수명에 가까워지면서 나도 언제부터인가 마음 한구석에 헤어짐을 준비하고 있다. 시간이 지날수록 가진 것보다 잃는 게 더 많아지는 순간에 도달한 것이다. 우리 모두 언젠가는, 오롯이 자신의 것이었던 푸르른 청춘의 소실을 감당해야만 한다. 한창 뜨거웠던 젊음의 열정들이 온도를 달리할 때를 대비해야 한다. 매일매일 생기로부터 한 걸음씩 거리를 넓힌다. 자연스레 이 모든 과정을 겪어내야 한다는 사실이 숨을 턱 막히게 한다.

하지만 곧 70을 바라보는 선배님한테도 아직 먼,

익숙하지 않은 감정이라고 하는데 지금의 내가 어찌 짐작할 수 있겠는가. 선배님의 말마따나 어쩌면 우리 모두는 세상을 떠나는 그 순간까지도 완벽한 어른이 아닐 수 있겠다. 이렇게 생각하고 나니 오히려 마음이 조금은 편안해졌다. 평생을 풀어내도 풀리지 않는 감정적 과업이니 안달하지 않아도 되겠구나 싶다. 어떤 종류의 상실에도 참지 않고, 마음껏 슬퍼하고 충분히 힘들어하고 실컷 울어도 될 것 같다. 어차피 어른이 되려면 멀었으니까.

"그게 차별이야, 그게"

귀신보다 사람이 무섭고, 세상 믿을 수 없는 존재가 인간이라지만, 나의 마음 한 귀퉁이엔 아직 뜨끈한 인류애가 남아 있다. 고로 모든 사람은 응당 평등을 지지하고 바라며 살아간다고 믿는다. 과거부터 뿌리 깊은 차별의 역사가 이어져 왔지만, 끈질긴 투쟁으로 찾은 평화 중 하나가 평등이다. 개중엔 차별을 안 하고는 도저히 못 살겠는 고약한 성질의 소유자도 있지만, 적어도 겉으로는 티를 내지 않으려 노력이라도 하리라 생각한다. 차별은 역사가 유구해 오래 지속된 만큼 우리가 인지하지 못하는 여러 곳에 침투해 있는데, 그중 교묘하게 모습을 숨겨 깊이 잠복하고 있는 곳이 바로 말 속이 아닐까.

아무 생각 없이 쓰는 단어 중 '살색'이 있다. 넓게 배우기 전까지는 이 단어에 무슨 문제가 있는지 인지하지 못했다. 초등학교 때 쓴 크레파스에도 살색이 있었고, 중·고등학교 때는 커피색 스타킹 대신 살색 스타킹을 신으라는 교칙이 있었다. 이후 '살색'이 왜 차별을 품고 있는지 알게 되었고, 그동안 전혀 인식하지 못하고 써온 게 부끄러워 열이 올랐다. 관례적인 어휘랍시고 진즉 눈치채지 못한 것이 속상했다. 왜 더 깊이 생각해 보지 않았을까. 나도 모르게 내가 쓰는 말에 차별이 묻어있을까 봐 더욱더 조심스러워졌다.

다수보다 소수를 뭉뚱그리는 단어에 더 부정적인 뉘앙스가 씌워지는 것 같다. 정확한 기준이 없는 말들에 '비'자를 붙이는 것 역시 맞나 싶다. '정상'과 '비정상'으로 나뉘는 어휘가 불편하다. 정상의 범주는 사람마다 기준이 다를 게 분명한데도 말이다. 내가 남들과 조금 다르다고 해서 비정상이라는 단어가 붙는다면 썩 유쾌한 일은 아닐 것 같다. 통계로 표준의 범위를 정해 놓은 단어들도 입으로 내뱉기가 꺼려진다. 표준에서 초과되거나 미달되어 '표준'에 들지 못하면 잘못된 사람이 된 것만 같다. 정상, 표준, 보통의 기준을 정하는 건 병원에서 검사지를 받아 내 건강 상태를 수치로 확인해야 하는 경우처럼, 꼭 필요한 상황이 아니고서야 필히 정해 놓을 필요가 없는데 말이다.

문득 보통이라는 단어의 반대말이 뭘까 궁금해졌다. 인터넷을 찾아보니 "보통의 반대말은 곱빼기"라는 오래된 난센스 퀴즈 정답 말고는, 딱히 이렇다 할 명쾌한 단어를 찾기가 어려웠다. 주변 친구들에게 물었다. 상, 하라고 대답한 친구도 있었고 특별, 비범, 유난, 특이, 넘침, 모자람 등 각자의 잣대에 따라 정의를 달리했다. 흔히 쓰이는 단어임에도 말하는 사람, 듣는 사람에 따라 모두 다르다는 건 내 기준에 맞춰 아무렇게나 내뱉는 말이 누군가에게는 평가나 차별로 들릴 수도 있다는 애기다. 말은 참 민감하고 개인적이다.

입만 열면 외모 비하 발언을 일삼는 감독님이 있었다. '옛날 분'이라는 것을 감안하더라도 정도가 심했었다. "못생겼으면 연기라도 잘해야지", "넌 예쁘니까 엔지 내도 봐준다", "넌 뚱뚱해서 분장비랑 의상비가 두 배는 들어가니까 출연료를 좀 적게 받아도 되지 않니?" 식이다. 요즘 같은 시대에 있을 수 있는 일인가 싶겠지만, 안타깝게도 믿을 수 없는 일들이 여기저기서 숱하게 일어난다. 문제는 이분의 언행을 모두가 불편해하면서도 작품의 선장이자 연세도 많으셨던지라, 그 누구도 불쾌감을 드러내지 못하고 있다는 거였다. 하루는 그칠 기미가 보이지 않는 그의 차별과 비하에 나도 모르게 큰 소리로 한숨을 쉬면서 몸서리쳤고, 그 모습을 당시 작품 속 나의 엄마였던 선배님께 들켜버렸다.

흠뻑 놀란 표정의 선배님은 "어머. 내가 나이 먹어

서 불편한 게 많아진 줄 알았는데, Y 감독 말본새가 네가 듣기에도 거지 같니?"라고 말씀하시고는, 별안간 큰 보폭으로 감독님을 향해 걸어가셨다. "Y 감독은 왜 이렇게 언행에 품위가 없는 것 같지?"로 시작한 대화는 (엄마의 화법은 워낙 차분하고 말랑한 느낌이라 훈계나 언쟁으로조차 보이지 않았다) 감독의 발언들이 차별이니 농담이니 애정이니로 한참 동안 떠돌다가, 결국 웬만해선 잘 넘지 않을 저지선까지 다다랐다.

"감독님 딸이 담임한테, '넌 못생겨서 꼭 공부를 잘해야겠다'라는 소리를 들어도 감독님은 정말 괜찮아요? 재밌어요? 그게 농담이에요?"

아니나 다를까, 감독님은 맞대꾸를 하지 못한 채 얼굴이 시뻘게졌다. 그 타이밍을 놓치지 않은 엄마의 카운터스트라이크. "거지 같지? 그게 차별이야, 그게."

그 사건 이후 촬영 현장은 청각적으로 쾌적해졌고, 덜 폭력적이었다. 아직도 가끔 작품 속 엄마였던 그 선배님의 목소리가 떠오른다. 비난과 멸시의 어투가 섞이지 않은, '유레카'를 외치는 반가움에 가까운,

살짝 떨리는 비음이 섞인 목소리. 따지는 사람의 음성이 날카롭거나 딱딱하지 않고 오히려 우아할 수도 있다는 걸 처음 알게 된, 매끄러운 발음과 상냥한 호흡. 그리고 끝 음의 적당한 길이.

"그~게 차별~이야아아, 그게~에."

Letter 2.
"오랜만이에요"

오래간만이에요. 잘 지냈나요? 우리가 언제 마지막으로 봤었죠. 미안해요. 바쁘게 살다 보니 잘 기억이 나지는 않네요. 근데 이 질문이 저한테는 중요합니다. 우리 언제 봤었죠?

그게 왜 중요하냐고 되묻고 싶겠지요. 사실 저는 변한 게 없는 것 같으면서도 많은 것들이 변했어요. 앞만 보고 달려오다가 잠시 멈추었거든요. 다리가 아팠기도 했고, 빨리 가봤자 내가 원하는 것들이 선착순으로 주어지지 않는다는 사실도 알게 되었어요. 그래서 속도를 줄였고, 요즘은 가끔 뒤로 걸어가 보기도 해요. 만약 전속력으로 달리고 있을 때 당신을 만났다면 전 당신에게 미안한 게 아주 많았을 거예요. 제 진심을 당신에게 내비치지도 않았을 테고, 당신의 진심이 제게 중요하지도 않았을 거거든요. 그럴 시간이 없었어요, 제게는. 다시 한번 미안해요. 우리가 자주 볼 사이라면, 그리고 당신이 허락해 준다면 지금이라도 우리의 관계를 다시 만들어봐요. 아, 혹시 우리가 또 시간이 많이 흐른 후에야 보게 될 것 같다면 지금의 말은 못 들은 걸로 해주세요. 지금의 저와 그때의 전 또 많이 달라질 것 같거든요.

예전엔 늘 한결같은 사람이 좋은 사람인 줄 알았어요. 변함없이 순수한 사람, 달라짐 없이 친절한 사람. 쭉 비슷한 사람이 진국이라고 생각해왔는데, 지금은 보다 더 좋은 쪽으로 발전하고 변해가는 사람이 더 좋아요. 좋은 사람의 기준도 엄청나게 자주 바뀌고는 하잖아요. 주변 사람들 애기를 들어보니, 예전에는 일은 좀 서툴러도 착한 사람이 일등이라고 하더니 요새는 성질은 조금 까칠해도 자기 일에 책임감을 가지고 잘하는 사람이 더 좋다고 하는 분위기더라고요. 지금은 우리가 한창 일을 하고 있는 시기니까 그런가 봐요. 근데 또 금세 변하겠지요. 언제 그랬냐는 듯 "아무리 그래도 인간성 좋은 사람이 최고야"라고 할지도 모르겠어요. 이건 상황마다 사람의 기준마다 너무 다르니까 결론을 내릴 수가 없겠네요. 오랜만에 만난 당신을 붙잡고 이런저런 이야기를 하고 있는 걸 보니 과거의 당신이 저한테는 좋고 편한 사람이었나 봐요. 당신은 변하지 않았더라도, 제가 보는 눈과 기준이 변했다면 가만히 있는 당신이 변했다고 느낄지도 몰라요. 그런가요? 당신은 어땠나요? 당신이 생각할 때 당신은 한결같이 그대로인가요? 아니면 당신의 기준에 맞춰 조금 달라졌을까요? 당신이 생각할 때 좋은 방향인가요? 만족스럽나요?

저는 저를 찾아가는 중이에요. 제가 앞만 보고 달려왔다고 했었죠? 근데 웃긴 게 전 분명 최선을 다해 달려왔는데, 숨도 안 쉬고 뛰어봤자 결승점이 안 보이니까 갑자기 뛰기 싫어지더라고요. 이렇게 된 거 좀 쉬자 싶어서, 쉬는 동안 좋아하는 것들을 찾아 슬슬 산책이나 하려 했거든요? 근데 제가 좋아하는 게 뭔지를 모르겠는 거 있죠. 분명 뛰는 동안 잠깐잠깐 스쳐 지나갔던 것 같은데 말이죠. 결승점을 통과하면 나중에 다시 들러야지 하고 막연하게 생각했었는데, 너무 오래전에 지나쳐왔는지 그게 뭐였는지도 도통 기억이 안 나요. 다시 돌아가기엔 지금까지 뛴 게 좀 아깝기도 해서 그냥 지금부터라도 찬찬히 둘러보며 찾아보려고 해요. 그러다 보면 다시 저를 찾을 수 있을 것 같아요. 그래서 조금 설레기도 해요. 할 수 있는 것들, 하고 싶은 것들이 아주 많이 생길 것 같거든요. 그동안은 슈퍼마리오처럼 전진하다가 겉으로 보이는 동전들만 획득했는데, 사실 숨겨져 있는 보너스 동전들도 많잖아요. 혹시 알아요? 운 좋게 금색 동전이 잔뜩 쌓인 터널을 발견할지요.

아, 우리 예전에 술자리에서 요란 벅적하게 만났을 수도 있겠어요. 근데 저는 이제 술을 거의 마시지 않아요. 저 술자리에서 엄청 유쾌하고 쿨한 사람이었죠? 고백하자면 사실 전 그때 너무 어색해서 어떻게든 분위기를 맞춰보고자 술을 용기의 물약으로 둔갑시켜 마셔 댄 거였어요. 강하고 씩씩한 사람인 것처럼 나름 저를 잘 포장했었는데 갈수록 너무 지치더라고요. 다음 날의 숙취는 덤이고, 술이 깨면 끝도 없이 허망해졌어요. 이러지 말아야지 싶다가도 술 없으면 다시 불편하게 굴고, 제가 한없이 작아지는 거 같으니 또 술에 기대 당당해지고, 반짝 신나고, 그러다 다음 날 아프고 우울해지고. 으으…… 그 반복이 지겨워서 이제 다른 무언가의 힘을 빌려 억지로 절 꾸미지 않기로 했어요. 어색하고 뚝딱이고 눈치 많이 보느라 당참과는 거리가 한참 먼, 그대로의 저로 살려고 해요. 몸이 한결 편해졌어요. 마음은 물론이고요.

마음을 다잡고 하루하루 저에게 집중하는 노력을 기울이면서 만족스러운 저로 살아가는 법을 배우고 있어요. 그래서 스트레스가 많이 줄었어요. 물론 고지식하고 예민한 성격 덕에 스트레스를 아예 떼어놓고 살 수는 없는데 그걸 원동력으로 쓰려고 해요. 아예 다른 성격의 물질로 변환해 에너지로 바꾸는 거죠. 제가 수

력발전소가 된 상상을 하는데, 이거 꽤 재밌는 시도인 것 같아요.

당신은 어때요? 당신은 당신의 모습으로 살아가고 있나요? 지금 마음은 어떤가요? 편안한가요? 저는 실컷 떠들었으니 이제 당신의 이야기를 듣고 싶어요. 우리 같이 좀 걸을까요?

*
 *
*

Talk 3.

조금은

어긋나도

다시금

가다듬는

말들

"마지막으로 쉬어본 게 언제인가요?"

늘어진다. 딱히 힘든 일이 있었던 것도 아니고, 큰 고민을 안고 있지도 않은데 시작점을 모르는 자잘한 생각들과 하릴없는 걱정들이 버거워 비워내고 싶다. 오래된 컴퓨터 마냥 계속 오류 메시지가 뜨고 느려지고 있으니, 잠시 전원을 내렸다가 열이 식으면 다시 재부팅을 할 수 있었으면 좋겠다. 이럴 때는 부정적인 생각들이 끼어들기 쉬운데, 지속되면 모든 일에 지레 겁을 먹고 소극적인 자세가 된다. 자존감이 뚝뚝 떨어져 갈 즈음, 혼자 힘으로는 전환이 쉽지 않아 심리 상담을 받았다.

"마지막으로 쉬어본 게 언제인가요?"

현재의 내 상태를 설명한 후 돌아온 질문에 차기작 촬영을 앞두고 쉬는 중이라고 대답했다. 선생님은 '일'이라는 개념을 섞지 않은 온전히 몸과 마음을 위한 휴식이 언제였냐고 다시 물었다.

"저는 머리가 복잡해지고 몸이 피곤해지면, 당장 현실에서 벗어나 영화를 보고 책을 읽고, 휴대폰 게임 등을 하며 하루 종일 누워서 쉬곤 해요. 체력이 떨어질 때마다 자주 쉬어주는 편이에요."

나의 대답에 상담 선생님은 그건 '쉼'이 아니라고 단언하셨다. 신체 전원을 잠시 끄고 싶을 정도로 버겁다고 얘기하면서 다른 방법으로 계속 피곤을 쌓아가고 있는 게 아닌지 자문해 보라고 하는 것이다. 버스를 타고 집으로 돌아오면서 상념에 잠겼다. 진정한 쉼이 무엇인지 전혀 감이 오지 않았다.

나는 생체 리듬이 엉키면 이를 바로잡기 위해 대청소를 하거나 물건들을 다 꺼내 정리하는 등 생활 속 노동을 찾아 떨쳐버리려 한다. 상쾌한 기분과 더 불어 피곤한 몸을 얻는다. 몸의 휴식을 위해 아무것도 안 하고 누워있으면 머릿속에 잡념이 채워지기 때문이다. 당장 벌떡 일어나 뭐라도 해야 견딜 수 있었다. 현재를 치열하게 살아내면서 '아무 생각 없이, 편하게 쉰다'는 게 가능한 걸까? 쉼을 위해 잠시 하던 일을 뒤로하고 휴식과 회복에만 집중하기 위해 여행을 떠나 훌훌 다 털어버리고 온다는 사람들도 있다. 내 기준으론 생업을 내려놓고 '쉼'만을 위한 휴식 시간을 가지는 건 용기 있는 자들의 특권인 듯하다. 용기가 없는 나는 당장의 여행경비가 걱정이고, 가뿐하게 비워내고 올 자신도 없다. 돌아와 문제를 다시 마주했을 때 해결 방도가 없다면 전과 전혀 달라지지 않을 테니 말이다.

안 그래도 괴로운 일투성이인데 쉬는 것마저 어려우니 참 큰일이다. 나에게만 힘겨운가 싶어 염탐을 해보기로 했다. 사진을 기반으로 한 SNS에 #쉼, #휴식, #힐링을 검색해 보았다. #힐링으로 올라온 게시물이 압도적으로 많다. 푸릇푸릇한 배경의 나들이 사진부터 귀여운 동물 사진, 좋아하는 연예인 사진 등 수많은 게시물 사이에 적지 않은 비율로 눈에 띄는 글들이 있었다. 삶에 지친 사람들을 위로하는 문구, 제대로 쉬지 못하는 누군가를 격려하는 문장, 휴식의 중요성을 피력하며 제발 편히 쉬라고 호소하는 말. 그 아래 찍힌 엄청난 숫자의 '좋아요'를 보며 콧잔등이 시큰하다. 나뿐이 아니구나. 다들 잘 쉬지 못하는구나.

어쩌면 그동안 나는 '휴식'에 특히 인색하게 굴었는지도 모른다. 생존에 직접적으로 닿아 있는 '취식'에 있어서는 누구보다 적극적이면서 말이다. 무얼 먹을까, 어떻게 먹을까, 어디서 먹을까, 누구와 먹을까를 고민하며 조금 더 건강하게, 맛있게, 즐겁게 먹기를 바란다. 능동적으로 맛집을 검색하고 레시피를 찾아 따라 해 보고, 심지어 다른 사람이 먹는 영상을 찾아보기도 하는 등 온갖 노력을 기울였으면서, 정작 '휴식'은 왜 등한시한 걸까? 취식이든 휴식이든 삶에 꼭 필요한 건 매한가지인데 말이다. 혹, 쉬지 못하는 게 아니라 쉴 줄 몰랐던 건 아닐까? 관심을 가지고 나에게 맞는 방법을 찾으면 훨씬 더 윤택한 '쉼'이 가능하지 않을까 싶어 나름의 방법을 찾기로 했다.

우선 휴대폰을 내려놓는다. 그리고 소음이 적은 곳에 누워 눈을 감는다. 온몸에 힘을 빼고 천천히 숨을 쉰다. 호흡이 안정되면 다른 생각이 끼어들지 못하도록 숫자를 세고, 그 수에 맞춰 비눗방울을 하나씩 띄우는 상상을 한다. (명상과 비슷하기도 하고, 잠이 오지 않을 때 양을 세는 것과도 비슷한 방법이다.) 내 숨과 숫자, 비눗방울에만 집중하여 상상의 공간을 채운 후 원하는 순간이 되면 그 비눗방울들을 한꺼번에 터트려버린다. 그 과정에서 자연스럽게 잠이 드는 날도 있고, 비눗방울이 터지는 청각적·시각적 쾌감으로 시원하고 개운하게 눈이 떠지기도 한다. 신기하게도 어떤 날은 웃음이 나고, 어떤 날은 눈물이 난다.

사실 이것도 뇌를 완전히 쉬게 하는 방법은 아니지만, 일시적일지라도 나에게 맞는 현재 가능한 휴식을 찾으려는 첫 시도였고, 비눗방울에 몰입해 힘을 빼고 누워 있다 보면 몸의 피로가 좀 가시는 듯해서 만족스럽다. 반대로 몸을 움직여 잡념을 없애고 싶을 땐 고민이 옅어질 때까지 무작정 걸어보기도 하고, 팔다리의 움직임과 숨 쉬는 박자를 맞추느라 걱정거리를 떠올릴 겨를이 없는 수영으로 쉼을 대체하기도 한다.

건강한 휴식만이 내일을 살아갈 양분으로 쓰인다고 했다. 아무것도 안 하고 편하게 쉬는 게 어렵다면 뭐를 해서라도 쉬어줘야 하지 않겠는가. 요즘은 '쉼'의 레시피를 많이 모아 두어 든든하다. 오늘은 또 어떻게 쉬지?

"꽃길만 걸으세요"

적기마다 귀여운 덕담으로 유행처럼 전하는 말들이 있다. 행복하세요, 대박 나세요, 부자 되세요, 그리고 꽃길만 걸으세요. 마음을 몽땅 담아 건네는 말이라기보다 관용적으로 쓰이는 인사말에 불과한데도 가만히 속뜻을 들여다보면 아주 사랑스럽다.

물론 반대의 경우도 존재한다. 상대는 분명 별생각 없이 관용적인 '줄 알고' 쓰는 표현일 텐데 몹시 기분이 상한다. 생각 없이 지껄이는 걸 '말'이라는 고귀한 소통 수단의 이름을 붙여줘도 되는지 모르겠다.

보통은 그냥 인상을 찌푸리며 속으로만 욕을 하고 넘어가고는 하는데, 참을성이 탱탱볼처럼 탄력이 붙은 날은 바닥을 치고 높게 튕겨 오르기도 한다.

첫 에세이를 발간하고 얼마 뒤 한 출판사에서 '여배우'인 나에게 부탁드리고 싶은 글이 있어 미팅을 하고 싶다고 연락을 해 왔다. 굳이 직업군 앞에 성별을 붙여 강조한 이유가 있을 것 같아, 약속 날짜를 잡기 전 먼저 통화를 했다. 해당 담당자는 내 책을 잘 읽었다면서 "30대 후반의 져 가는 여배우로서 40대를 준비하는 소회들을 에세이로 엮어보심이 어떨까 합니다"라고 말했다. 순간 내가 들은 말이 맞나 싶어, 정확히 '져 가는'이 무슨 뜻인지 되물었다. 담당자의 꽃이 피었다가 '져 가는' 뜻이라는 대답을 들은 후 오히려 더 멍해졌다. 응? 그가 나를 불러주었을 때 나는 그 자리에서 꽃이 되었다. 심지어 언제 피었는지도 모르겠는데 나도 모르게 이미 지고 있다니.

"지금 무슨 말씀을 하시는 거예요? 저 계속 피어 있을 건데요."

여성의 나이가 많고 적음을 꽃이 피고 짐으로 표현한 것도 마음에 들지 않았고, 내가 폈는지 안 폈는지 타인에게 평가받고 싶지도 않았다. 그 모든 걸 일단 차치하고라도, 그래. 100번 양보해 지금 피어 있다 치더라도, 스스로 아름답게 지고 싶지, 누군가에 의해 강제로 꽃잎을 떨구고 싶진 않다.

"제안을 주신 것은 감사하지만, 저…… 창창하게 잘 살고 있는데 진다는 표현이 조금 마음 아프네요. 그리고 저는 나이가 중요하지 않다고 생각합니다. 40대가 되어서도 크게 달라질 것 없이 주어진 역할에 최선을 다할 작정입니다."

최대한 상대의 입장을 배려해 대응하려 했고, 흥분하지 않고 할 말 했다 싶어 조금 뿌듯하기도 했다. 하지만 담당자(그 작자)는 "아……"라고 낮고 길게 반응한 후 "거절하신 거죠? 알겠습니다"라는 말과 함께 전화를 끊어버렸다. 입이 떡 벌어졌다. 적어도 사과는 받을 것이라 생각했다. 아니 사과까지는 아니어도 유감을 표하거나 자신의 말에 대해 해명이라도 할 거라 기대했다. 혹여 내가 오해한 것이라면 민감하게 반응한 것에 양해를 구하고 웃으며 전화를 끊으려 했었다. 기대감은 늘 예상을 빗나간다고는 하지만……. 응? 나 지금 뭐 한 거지?

해야 할 말을 다 했다고 생각했는데 전화가 끊기자마자 후회가 밀려왔다. "왜 여배우를 꽃에 비유하세요? 지금 그 발언이 차별적인 뉘앙스를 가지고 있는 거 아시나요? 오늘 처음으로 같은 지구에서 산소를 나누며 살고 있다는 걸 인지한 존재한테, 제가 왜 지고 있다는 평가를 받아야 하죠? 자기소개 몰라요? 생각해 보니 말을 안 해 줘 가지고 난 당신네 출판사가 어디인지도, 당신 이름도 모른다고요!!!"라고 따져 물었어야 했나 보다.

내 기분이 팍 상하는 소리를 들었음에도 혹시 모르니 상대방의 기분은 지켜주려 했다. 나름대로 그 짧은 시간 동안 목소리 크기와 톤의 안정에 신경 썼다. 근데 끝인사도 주고받지 못한 채 일방적으로 대화가 잘려 나갔다. 아, 내 배려가 부족해 기분이 나빠져 전화를 뚝 끊어버린 거려나? 이미 나는 싹수없는 유난인 사람이 되어 버렸을까? 이왕 이렇게 될 줄 알았다면 숫제 불같이 화를 냈을 것이다. 내가 받은 불쾌감을 극대화한 후 밀도 높게 뭉쳐 가운데 돌 하나 박아서 던져버렸어야 했다. 한가롭게 집에서 밀린 웹툰을 보며 평화롭던 오후가 순식간에 증발해버렸다.

다시 전화를 해서 난리를 부릴까 하다가 거기까지 가면 나마저도 선을 넘는 것 같아 그만두었다. 내 다음 순서로 제안을 받게 될 배우분은 부디 꽃이 되지 않길, 져 간다는 헛소리를 듣지 않길 소망하는 마음으로 분노를 누그러뜨렸다. 그래도 당최 개운히 풀리지 않아 대놓고 몇 마디 덧붙이자면,

"이 글을 읽고 있는 모든 분들, 앞으로 계획하시는 모든 일 대박 나시고, 조금만 일해도 많이 벌어 부자 되세요. 그리고 사시사철 예쁘게 피어 있는 꽃길만 걸으세요. 저도 그럴게요. 제 꽃들은 아주 오래오

래 피어있을 거지만, 언젠가 꽃잎이 진다 해도 슬퍼하지 않을 거예요. 맑은 물을 주고, 따듯한 햇볕을 내리쬐어 곧 다시 피게 할 거거든요. 모두 충분히 만족할 만큼 늘 행복하시길……. 가만 있는 내 꽃밭을 지르밟은 당신만 빼고요."

"쏘 쿨"

각자 느끼는 바가 다르겠지만, 나에게 '할 말을 다 하고 사는 사람'은 썩 좋은 이미지가 아니다. 가끔은 이기적이고 배려가 없는 사람으로 느껴지기도 한다. 반면 '할 말은 하고 사는 사람'은 멋있고 부럽기도 하다. 할 말을 다 하고 사는 것과 할 말은 하고 사는 것. 단 두 글자 차이지만 완전히 다르다. 꽤 오래전부터 나는 확실하게 할 말은 하고 사는 사람이 되고 싶었다.

하지만 갖가지 문제가 있다. 의식하지 않으면 편하게 할 수 있을 것도 같은데 그게 마음처럼 안 되니

참 곤란하다. 불편한 표현들에 마음이 상하고 악의 없이 던진 말에 움츠러들기도 하는 겁보인지라, 나부터 '말조심'에 유의하며 살다 보니 정작 해야 할 말, 하고 싶은 말을 못 하면서 살고 있다. 투명하게 솔직하지 못하고 빙 돌려 말하느라 굳이 하지 않아도 되는 쓸데없는 소리를 자주 한다. 큰 실수를 하지 않고 사는 게 참 다행이지만, 그럼에도 불구하고 차마 내뱉지 못한 말들 때문에 속앓이를 한다거나 몸살이 나기도 하는 걸 보면 하고 싶은 말, 해야 할 말을 터트리고 싶은 본성을 숨기느라 근질거리나 보다.

자신의 생각을 똑 부러지게 말하는 사람을 보면 내 속이 다 뚫린다. 용기 있게 자신의 목소리를 높이는 사람들이 존경스럽다. 부당한 상황에서 자신에게 불이익이 돌아올 수 있다는 걸 알면서도 해야 할 말은 하고 사는 사람, 분명 감정을 섞지 않고 툭 하니 말을 얹는데 그 발언이 기가 막히게 센스 있고 적절한 사람, 다른 사람의 마음까지 대변해 통쾌함을 주는 사람 등 다른 사람의 시선에 크게 구애받지 않고,

자신의 상처도 쉽게 치유하는 흔히 말하는 '쿨한' 사람들이 참으로 멋져 보인다. 나도 정말이지 '쏘 쿨'한 사람이 되고 싶다. 평화를 지향하지만, 때론 선봉장에 서서 악다구니를 질러댈 수도 있는, 타인을 위해 마음을 쓰고 함께 연대해 목청을 높이는 사람이 되고 싶다.

원대한 포부 아래 오밀조밀 고개를 내미는 작은 욕망들도 꺼내어 보겠다. 취향이 다른 사람에게 불편함을 주지 않으면서도, 내가 좋아하는 것들을 실컷 나누고 함께 좋아해 보자는 강요 아닌 '영업'을 하고 싶다. 내가 노력해 이룬 것들에 대해 인정받고 싶은데 아무도 몰라주는 것 같을 때, 당당히 내 입으로 말하며 부끄럽지 않고 싶다. 자랑하고 싶은 것들을 자랑하면서도 타인에게 열패감을 주지 않았으면 좋겠다. 상처를 준 누군가에게 되돌려 주는 비수의 말을 짧고 확실하고 간결하게 꽂고 싶다. 결이 맞는 사람들과 잡담이 아닌, 건설적인 수다를 떨고 싶다. 나에게 불편한 것들을 유난과 까탈로 보이지 않게끔 표현하고 싶다. 내가 닮고 싶은 쿨한 사람들은 자신을 드러내는 순간에도 늘 당차고 거리낌이 없다.

  무수한 '싶다'를 나열해 놓고도 정작 나는 왜 쿨하게 행하지 못할까? 선천적으로 마음이 따듯한 사람이라 그런가 보다며 온갖 말도 안 되는 핑계를 갖다 붙여보지만, 따듯하다 못해 뜨거운 답답함이 끓어 폭발하기 일보 직전이다. 뱉어내지 못한 나의 말들은 만족이나 해소를 바라기도 전에 타인의 평가와 시선들을 기다리며 점점 더 작아진다. "내 생각이 틀렸으면 어쩌지?", "내가 이상한 거면? 잘못된 거면?", "내가 한 말에 다른 사람들이 반감을 가지진 않을까?", "나…… 욕먹으면 어쩌지?" 많은 두려움에 입을 떼기 전부터 망설이며 다시 부글부글 댄다. 가슴께를 쳐대고 손부채질을 하다 보면 불쑥 치부가 드러난다. 난 아직 나에 대한 믿음이 부족하다. 그래서 내 말들에 신뢰가 없는 것이다. 사실 알고 있었는지도 모른다. 인정하고 싶지 않았을 뿐.

사랑도 무르익기 전이 가장 뜨겁고, 배움도 복잡하게 어려워지기 직전까지가 제일 재밌지 않은가. 나는 30대 중반을 넘어선 지금에서야 살아온 삶의 경험과 직관을 바탕으로 신념과 가치관들을 세우고 있다. 전보다 생각이 깊어지고, 궁금한 것들이 무거워졌다. 재밌다. 그리고 한창 뜨겁다. 열기가 과해지면 들뜨게 마련이다. 내가 이룩한 세상을 뽐내고 싶어 자꾸 들썩이게 된다. 하지만 열정이 넘치고, 열망이 뒤엉키면 속도가 빨라지고 실수가 잦아진다. 이럴 때 뱉는 말들은 한없이 가볍다는 것을 안다. 속에서 붐비는 말들을 불쑥불쑥 꺼내 놓고 싶다가도 덜 익은 상태라는 것을 알기 때문에 쑥스러워 주저하고 마는 것이다. 신념과 가치관이 확고하지 않으니 현재의 나에게도 자신이 없다. 작은 욕망들부터 풀어내기에도 그지없이 무안하다. 아직 이리도 달떠 있으니 당연히 쿨하지 못할 수밖에.

기다리자. 바람도 쐬고, 눈과 비도 맞으며 열을 식히자. 훗날 단단하게 뿌리내린 땅에 안정감이 생기더라도, 자주 찬물을 끼얹어줄 것이다. 가슴은 뜨겁게 머리는 차갑게 하라고 했다. 내핵과 적당한 거리를 유지해 온도를 맞춰야만 스스로를 객관적으로 바라볼 수 있다. "쏘 쿨!" 나는 더 차가워져야 한다.

"포기하면 편해"

번뇌와 갈등은 기대에서부터 피어난다. 등가 교환적 관계에서 벗어나기를 소망하지만 속이 좁은 나는 아낌없이 주는 나무가 되기는 글렀다. 내 노력을 쏟아부은 일에는 그에 상응하는 마땅한 성과를 바라고, 사랑받고 싶어 사랑을 주고, 관심받고 싶어 관심을 준다. 보상을 받으려 정성을 쏟고, 대가를 기대하며 시간을 쓴다. 내가 보낸 애정 역시 풍성하게 되돌아오길 기대한다. 기다리고 고대하다 내 여망에 못 미치면 결국 실망하기에 이른다.

달라고 요청해 보낸 마음이 아님에도, 되돌려 주겠다 약속받은 성의가 아님에도, 기대는 점점 몸집을 늘려간다. 때론 기대감이 삶에 원동력이 되어 주기도 하지만 너무 부풀어 터져버리면 그 자리엔 고스란히 원망이 자리 잡는다. 전부 다 내가 만들어내고, 내가 불어넣고, 내가 찔러 터트린 거라는 걸 잘 알면서도 자꾸 눈물이 나고 가슴이 따끔거린다.

"왜 내 마음을 알아주지 않는 거야?"

대답은커녕 미동도 없는 뒷모습에 대고 아무리 소리쳐봤자 단단해 보이는 뒤통수는 전혀 돌아볼 기미가 보이지 않는다. 마음이 말라간다. 가문 마음에 물이라도 시원하게 뿌려주면 참 좋겠는데, 빨대 한 모금도 적셔줄 생각도 없나 보다. 안 되는 건 안 되는 일이라고, 단념할 줄도 알아야 하는데 너무너무 억울하고 원망스럽다. 쏟아부은 내 청춘과 에너지가 진득하게 들러붙어 미련으로 남았다.

"포기하면 편해."

안다. 알고말고. 말하는 건 편하다. 병에 붙은 스티커를 떼어내는 데도 노하우가 필요한데, 노력과 정성을 기울인 어떤 일에 미련을 떼어내는 게 어찌 쉬울 수 있겠는가. 손에서 탁 놓아버리면 마음이 편해질 것도 알지만, 쉽게 놓아지는 거면 진즉에 놓았다. 일도 사랑도 어지간히 안 떨어진다. 이젠 내가 완벽히 졌다 싶어 하얀 깃발을 꺼내 들었는데, 흔들기까지 또 주저주저한다. 조금만 더 노력하면 되지 않을까. 조금만 더 마음을 쓰면 이루어지지 않을까? 이럴 거면 애초에 시작하지 말걸. 지난날의 나를 탓해 봤자 나아지는 건 조금도 없지만, 자꾸 자책하게 된다. 그렇지만 미련이 남았다는 건, 아직 희망이 남아 있다는 방증이 아닐까? 나만 놓으면 이 고통이 끝날 수 있을까? 하루에도 수십 번씩 마음이 들끓는다. 포기할 것인가, 말 것인가.

하지만 선택의 순간은 언젠가 반드시 오게 마련이다. 자의가 아닌 타인의 선고일지라도. 다른 보기나 예시 없이 동그라미, 엑스로만 결정해야 하는 절체절명의 순간이 들이닥칠 때, 섭섭함보다는 후련함이 클 수 있기만을 기도할 뿐이다. "할 만큼 했다. 이만하면 됐다"라고 말할 수 있는, 딱 거기까지가 내가 할 수 있는 최선의 포기였으면 좋겠다. 그렇게 차츰 익숙해지고 요령이 붙을 것이다. 내 마음에 붙은 찌꺼기를 털어내는 방법도 배울 수 있으리라.

처음엔 세월이면 되는 줄 알았다. 경험이 많아지고, 감정이 더 풍부해지거나 반대로 무뎌지면 포기도 쉬울 줄 알았다. 하지만 꼭 그런 것만도 아니었다. 좌절과 절망과 분노가 더 강력한 계기가 되기도 하는 것이다. 전혀 느끼고 싶지 않은 빌어먹을 감정에게 도움을 받는다니 아이러니하다. 하긴 아이러니하지 않은 걸 찾는 게 더 어렵지. 포기하면 편하다는 말 자체도 완벽한 아이러니인데.

간절히 바라던 무언가를 포기한 마음엔 커다란 구멍이 뚫려 있다. 무엇으로 채워야 할지 막막해지면 그동안 간과해 온 것들을 떠올려 본다. 나의 사람, 나의 일, 나의 시간, 한때 꿈꾸었던 다른 기대와 이상들. 채울 수 있는 것들이 너무나도 많다. 이 많은 것들을 뒤로하고, 나는 무슨 아집으로 메아리로도 돌아오지 않을 것만 외치고 있었던 걸까. 닿지 못할 신기루를 쫓았나 보다. 듣지 않으려 하고 보려 하지 않았을 뿐, 해야 할 일과 사랑을 쏟아야 할 곳을 참 많이도 지나쳐 왔다는 걸 깨닫는다. 하나씩 다시 채우다 보면 절대 포기하지 않겠다고 다짐하게 되는 다른 무언가가 생기겠지. 그것이 일이든, 이상이든, 사랑이든, 가족이든.

혹, 당장에 채우고 싶지 않다면 비워 두어도 괜찮겠다. 충분한 공허함을 느끼고, 뚫려 있는 빈 곳이 편안해지면 그제야 포기가 편하다는 말을 이해할 수 있을 것도 같다.

"절대로 쪽팔리게 살지 마"

선택의 기로에 서 있을 때, 절체절명의 순간에 놓인 것처럼 깊은 고민에 빠지고는 한다. 실수에 변명을 할 때도, 결심을 바꿀 핑곗거리를 찾을 때도, 심지어는 게으름을 부리고 싶은 날 몸을 움직일지 말지 결정해야 하는 사소한 순간에서조차 그렇다. 그때마다 내가 정해놓은 틀림없는 기준을 따른다. 스스로에게 부끄럽지 않은 선택을 할 것.

어린 시절 흥미 없는 책의 독후감 숙제를 받고는 아빠께 책의 줄거리를 가르쳐 달라고 졸랐었다. 하지만 아빠는 읽지 않은 책을 읽은 척하는 게 부끄럽지 않겠냐고 물으셨다. 만약 아무렇지도 않을 것 같다면 흔쾌히 책의 줄거리를 알려줄 것이고, 마음 한구석이 조금이라도 찔릴 것 같다면 직접 책을 읽으라고 말씀하셨다. 옳고 그름을 떠나 스스로에게 당당하다면 어떤 선택이든 괜찮다고. 중·고등학교로 진학하면서 "스스로에게 부끄럽지 않을 것"에서 "절대로 쪽팔리지 말 것"으로 살짝 격하게 변형되었는데, 아마도 반항심이 극에 달한 딸의 사춘기에 맞춰 강렬하게 각인될 적절한 어휘를 고심하신 것 같다. 같은 맥락이지만 한층 더 강해진 말은 나를 정확하게 명중시켰다. 나는 쪽팔리게 살고 싶지 않다.

인생을 좌지우지할 수도 있는 중요한 선택과 결정을 해야 할 때는, 영화 〈트루먼 쇼〉의 트루먼이 되어 본다. 나의 일생을 있는 그대로 방영하는, 내가 주인공이고 시청자도 나인 TV 쇼. 내 모습을 객관적으로 바라보고 관찰하기 위한 일종의 거울 치료인 셈이다. 제3자의 눈으로 타인이 된 나의 선택과 행동을 지켜보며, 납득이 되거나 이해가 가는 행동인지 스스로 평가해 본다. 요즘 말로는 '대리 수치'라고 하던데, 타인의 말과 행동을 보고 자신의 일이 아님에도 괜히 수치스러워지는 상황일 때 쓰는 신조어다. 그렇다. 대리 수치를 느낄 만한 선택과 행동을 하지 않으면 된다.

일생 중 가장 중대했던 첫 선택은 자퇴였다. 고등학교에 진학하고 처음 치른 중간고사에서 공부를 한다고 했는데도 전혀 이해되지 않던 숫자들은 결국 성적표 안에서도 이해할 수 없는 숫자로 남았다. 부모님께 성적표를 보여드리기가 두려웠다. 열심히 했는데도 이 정도라고 항변을 하고 싶은데, 열심히 했을 때 나올 수 있는 점수가 아니었다. 태어나서 처음으로 성적표를 조작해 보려는 시도까지 했다. 얇은 커터 칼 심으로 앞 숫자를 긁어내는 내 모습을 타인의 눈으로 지켜봤는데, 이게 뭐라고 방문까지 걸어 잠그고 집중하고 있는지. 한심했고, 부끄러웠고, 쪽팔렸다.

교우관계도 엉망이었다. 한창 감수성이 예민한 때 처음 겪어보는 감정의 풍파를 겪으면서 나는 잠시 나를 잃었다. 그 누구에게도 미움받고 싶지 않아서 구애하는 공작새처럼 가지고 있지도 않은 꽁지깃을 부풀리기도 하고, 참여하고 싶지 않은 모임에 억지로 끼어 가식적으로 웃고 떠들어 댔다. 험담의 대상이 되기 싫어서 과하게 친절하고 성격 좋은 척하다 보니 매일매일 학교 가는 게 너무나 피곤한 일이 되었다. 지나치게 수다스럽고, 속된 말로 사사건건 나대려 하고, 우정의 알맹이가 없이 여기저기 휩쓸려 감정을 소모하는 내 모습이 너무 싫었다. 시청 중인 화면 속 나에게 제발 그러지 말라며 육성으로 탄식할 만큼.

혼자만의 시간이 필요했다. 평가에서 벗어나 시험에서 자유로워진 공부를 하고 싶었고, 서툰 교우관계에 지쳤다면 차라리 어느 정도 거리를 두고 떨어져 있고 싶었다. 스스로에게 당당한 모습을 되찾길 바랐다. 그래서 자퇴를 선택했다. 갑작스러운 결정에 엄마는 조금 당황하신 듯했으나, 아빠는 스스로에게 부끄럽지 않은 선택이라면 그에 대한 책임감도 가져야 한다는 조언만 해주시고는 적극적인 지지자가 되어주셨다. 쪽팔리지 않은 첫 선택 이후, 적어도 나에게 부끄럽지 않은 선택을 한 일에 대해서는 후회가 남지 않았다. 배우 생활에서 처음으로 베드 신이 있는 시나리오를 선택할 때도 그랬고, 민감할 수 있는 주제에 작게나마 목소리를 낼 때 역시 마찬가지였다.

아주 작은 마음의 갈등에도 적용해 보고는 한다. 차가 한 대도 다니지 않는 차도의 횡단보도 앞, 보행자 신호는 빨간불이다. 저 멀리까지 둘러보는데 상행, 하행 모두 바퀴가 달린 그 어떤 물체도 찾아볼 수 없다. 이 길에 익숙한 동네 사람들은 빨간불에도 거침없이 길을 건너곤 한다. 누군가는 융통성이 없다고 할 수도 있겠지만, 나는 초록불이 될 때까지 기다린다. 내 인생이라는 작품의 주인공이 무단횡단을 하는 사람이 아니었으면 좋겠다는 이유에서다.

추억이 있는 여행 장소에 아무렇지 않게 버려진 쓰레기들을 보고 눈살이 찌푸려졌다. 높고 넓게 쌓여 쓰레기 산이 되어 버린 그곳은 누군가에게는 감명의 장소고, 사는 동네고, 굳은 마음으로 떠나온 곳일 수도 있다. 누군가는 치워야 하지만, 남들이 버리는 곳이니 의식 없이 자신의 것도 내려놓는 사람들이 있는데, 난 내가 싫어하는 그런 부류의 사람이 되는 일이 너무나 창피하고 수치스럽다. 그래서 내 가방에 쓰레기들이 쌓일지언정 내가 만들어 낸 쓰레기는 아무 곳에나 버리지 않는다.

다시 어려운 선택의 순간이 오면 어김없이 나를 스크린 안으로 집어넣는다. 주인공이 된 나를, 내가 응원해 줄 수 있는 선택이라면 나에게 부끄럽지 않을 수 있다. 그리고 늘 나에게 묻는다. 채널을 돌리고 싶을 만큼 대리 수치를 느끼지 않는지, 혹 느낀다면 스스로를 혐오하지 않고 버틸 수 있는지. 한 번 사는 인생 쪽팔리게 살지 말자.

"있을 때 잘했어야 했는데"

과거를 추억하는 시간이 길어지면 나이를 먹어가는 거라고 하던데, 요즘의 내가 딱 그렇다. 당연한 줄만 알았던 것들이 하나둘씩 과거형이 되면서, 문득 떠오를 때마다 자꾸 멈춰 서게 된다. 독립하기 전 친할아버지와 함께 살았던 때가 있었다. 첫 손주이자 유일한 손녀였던 나를 참 많이도 예뻐해 주셨다. 하지만 그때 그 시절 여느 가장과 다름없이 보수적이고 권위적인 엄격한 분이셨다. 쩌렁쩌렁 울리는 큰 목소리에 불같은 성격을 가진 할아버지의 모습을 근거리에서 지켜보며 자란 나로서는, 마냥 정을 붙이며 가까이 지내기에는 많이 어려워했던 것 같다. 늘 달콤하고 애틋한 할머니와는 다르게 할아버지와 나 사이엔 늘 커다란 벽이 세워져 있었다.

할아버지와 가장 오랜 기간 함께 산 집은 지하철역, 버스 정류장과 가까웠지만 언덕 위에 위치해 있었다. 많이 가파르진 않았으나, 할아버지께 쉬운 길은 아니었나 보다. 언덕을 오르시고 나면 빌라 옆 나무 기둥에 앉아 늘 숨을 돌리시고는 했다. 불규칙적으로 색색거리는 할아버지의 숨소리가 불편했었다. 늘 곧고 강할 것만 같았던 할아버지가 많이 약해지셨다는 사실을 인정하는 게 두려웠었던 거 같다. 집 앞에서 마주칠 때마다 "왔어?"라고 인사하시며 활짝 웃으시던 나의 할아버지가 요즘에서야 눈물 나게 그립다. 할아버지의 반가운 미소 속에는 몇 개 남아 있지 않은 치아가 반짝였다. 앞니로 아이스크림을 갉아 드실 때마다 '사각'하고 꽤 사랑스러운 소리가 났는데, 그 소리가 참 좋았다. 슈퍼에 들러 사 온 아이스크림 봉지를 열어 가장 좋아하시는 비비빅을 건네고는 "천천히 올라오세요"라고 말씀드렸던 게 내가 보여 드린 최선의 애정이었던 거 같다. 잠시 나무 기둥 옆에 서서 오늘 바깥에서 있었던 일들을 여쭈어봤다면 할아버지와의 추억이 더 많았을까? 엘리베이터가 없는 계단을 또 한 번 힘겹게 오르실 할아버지를 충분히 기다려 드릴 생각을 그때는 왜 하지 못했을까.

독립 이후, 한창 일이 바빠져 자주 찾아뵙지 못하던 시기에 할아버지가 돌아가셨다. 장례식장으로 가는 길 내내 떠오르는 할아버지의 얼굴은 딱 그때 집 앞에서의 "왔어?"하고 반겨주시던 목소리와 너무나 맑고 환한 미소뿐이었다. 후회로 가슴이 찢어지는 것 같았다. 그 미소만큼 밝게 웃어드린 적이 몇 번이나 있던가. 영정사진을 보며 하염없이 울고 있을 때, 할아버지의 고명딸인 고모가 내 어깨를 감싸 안았다. "있을 때 잘했어야 했는데, 우리가 그걸 너무 미뤄왔나 보다. 그치?" 그러게나 말이다. 조금만 더 빨리 알았다면 좋았을 것을. 하고 싶은 말을 조금만 덜 미뤘으면 좋았을 것을. 그나마 다행인 건 할아버지가 가장 좋아하는 음식이 고작 아이스크림이었다는 거다. 아르바이트로 번 적은 월급으로도 잔뜩 사드릴 수 있었으니까. 할아버지가 가장 좋아했던 비비빅은 이제 내가 가장 좋아하는 아이스크림이 되었다.

지나고 보면 모든 일이 다 그렇다. 가까이 있을 때는 소중함을 모르다 상실의 고통과 소실의 허망을 겪고 나서야 후회하게 된다. 적기를 모르고 허투루 시간을 낭비한 순간들. 늘 함께일 줄 알고 마음을 다 쓰지 못한, 이미 멀어져 버린 관계. 애타지 않던 것들이 문득 절실할 때 삶은 지속되고 있지만 가장 밝게 빛나던 순간이 지나면 색이 바래버리고, 다시 되돌리기엔 늦었다는 걸 꼭 뒤늦게야 깨닫고 만다.

최근엔 야구장에서 목청이 터지게 불렀던 은퇴 선수의 응원가를 〈최강 야구〉라는 예능 프로그램에서 다시 듣게 되었을 때 어이없게 눈물이 터지기도 했다. 길을 걷다 어릴 때 좋아하던 아이돌의 음악이 들려올 때, 이미 세상을 등진 배우가 생전 출연했던 영화를 볼 때, 한동안 잊고 지냈던 초등학교 앞 불량식품을 만났을 때, 함께 사는 고양이의 새끼 때 사진을 보며 추억이다 싶을 때면, 주책일 정도로 때와 장소를 가리지 않고 울컥거린다. 여기저기에 아쉬울 것들을 참 많이도 흩뿌려 놓았는가 보다.

마음이 시려지면 돌연 현재를 더듬어본다. 감상에만 젖어 지난날을 추억하기엔 난 아직 너무 젊고, 살아온 날보다 더 긴 날들을 살아내야 한다. 훗날 지금을 회고하며 남는 감정이 통회가 아니었으면 좋겠다. 그리워할지언정 기리며 웃을 수 있기를 바란다. 앞으로 내가 어찌 살아야 할지, 어떤 마음을 품어야 할지 대충 보이는 것도 같다. 섭섭하게 살지 말자. 더 이상 아쉬움을 두고 가지 말자. 내 곁에 있는 것들에 최선을 다하자. 지금 당장 할 수 있는 것들을 하자. 내가 안고 있는 그 어떤 것도 영원할 수 없으니.

"볏짚에 머리만 처박는다고 그게 숨어지냐?"

나는 회피형 인간이다. 관계에 지칠 때, 해결할 기미가 안 보이는 문제에 직면했을 때, 가장 먼저 취하는 행동이 도피다. 잡히지 않을 만큼 최대한 멀리 도망쳐 벗어나 안전한 곳에 숨으면 해결되리라 믿고, 곧 마음도 편안해진다. 하지만 지내다 보니 도저히 숨고 도망칠 구멍이 없는 상황 앞에 자주 놓이게 되더라.

학교가 주 배경인 한 드라마를 촬영할 땐, 학생이 된 기분으로 거의 매일 출석을 해야 했다. 함께하는 사람들과 자주 만나다 보니 그만큼 빨리 친해졌지만, 가까워지는 속도는 모두 달랐다. 상대적으로 느린 편이었던 나는 좀처럼 거리를 좁히는 게 쉽지 않았다. 그러다 보니 대화를 곱게 이어 나가기가 버거운 불편한 사람도 생겨버렸다. 유쾌하고 밝은 외향적인 사람이었던 그는 내 기준에서 아슬아슬하게 선을 넘나드는 사람이었다. 장난기가 많고 실없는 농담을 툭툭 던지며 촬영장의 분위기를 주도했는데, 가끔 비하나 성적인 농담도 섞여 있다는 점이 유독 그랬다.

모두가 불편해하는 분위기였다면 나서서 이야기를 할 수도 있었겠지만, 동조하며 웃고 즐기는 사람도 많았다. 학생이 주인공인 드라마다 보니 오며 가며 듣는 사람들 중에는 미성년자도 포함되어 있었고, 드문드문 나처럼 마냥 웃지 못하는 사람도 있다는 게 계속 심기를 건드렸다. 현장 분위기를 흐리고 싶지는 않아 민망하지 않을 정도로 돌려서 핀잔을 주기도 했지만 못 알아듣는 눈치였다. 호응이 좋은 날엔 그의 장난이 점점 더 심해졌고, 나는 내 눈 밖에 난 그 앞에서 표정 관리가 안 되는 지경에 이르렀다. 당장은 피할 수가 없으니 그의 말을 막고 일부러 다른 주제의 대화로 그를 이끌어대며, 쓸데없이 에너지를 소모했다. 금세 지치고 다시 화가 나는 건 매한가지였지만 말이다.

촬영용 카메라는 녹화 버튼을 눌러야 기록이 되지만, 모니터로는 스탠바이 상태일 때도 카메라 렌즈가 향하고 있는 곳을 볼 수 있다. 준비 시간엔 내가 카메라의 화각 안에 들어가 있는 사람이라는 걸 인식하지 못하고 있었는데, 감독님은 다 보고 계셨던 모양이다. 보기에 내가 뭔가 불편해 보였는지, 지나가는 말처럼 몇 번이나 "무슨 일 있어?"라고 물어오셨다. 그때마다 얼굴 가득 웃음을 담고 아무 일도 없다고, 괜찮다고 대답했다. 그날도 감독님은 같은 질문을 했고, 여느 때와 다름없이 괜찮다며 웃는 나에게, 의미심장한 말을 툭 놓고 가셨다.

"야, 볏짚에 머리만 처박는다고 그게 숨어지냐?"

당장에는 무슨 뜻인지 불분명했지만, 촬영을 마치고 집으로 돌아와 샤워하기 전 거울에 비친 내 얼굴을 보고는 그 말의 의미를 어림잡을 수 있었다. 다크서클이 짙었고 눈이 흐리멍덩했다. 팔자주름도 시원하게 쭉 뻗어있었다. 미간의 내 천(川) 자는 언제 생긴 걸까. 안색이 어두웠고 꽤나 지친 표정이었다. 어지간히 신경을 썼나 보다.

사람이 싫으면 답도 없다더니 내가 딱 그 모양새였다. 앞으로 두어 달은 더 보아야 할 텐데, 심지어 웃는 낯으로 대해야 한다. 초췌한 내 얼굴을 마주하니 나 자신에게도 화가 났다. 그제야 결심이 섰다. 앞으로가 더 불편하고 어색해질지언정 피하지 말고 똑바로 마주 봐야겠다고. 일시적으로 볏짚 속에 머리를 박고 못 본 척해도, 완벽하게 도망칠 수 있는 건 아니었다. 부딪히는 순간의 공포가 무서워 계속 숨어있다가 언젠간 질식할 수도 있지 않은가. 고여서 썩어버리면 정화하는 데 훨씬 더 많은 에너지와 시간이 필요할 것이다. 나는 내가 느끼는 불편함을 당사자에게만 털어놓았다. 상대가 너른 이해를 해주고 서로 오해를 풀었으면 더 좋았을 테지만, 그렇지 못해 결국 어색한 사이가 되었다. 하지만 둘 사이의 공기는 서늘해졌어도 그의 장난과 농담은 순해졌고, 내 다크서클도 완화되었다.

이후 오랜만에 그를 다시 만났다. 분위기가 사뭇 달라진 그는 먼저 지난 이야기를 꺼냈다. 실제 그는 낯을 가리고 눈치를 많이 보는 성격이라 현장 경험이 부족했던 그 시절, 자신의 긴장을 풀기 위해 쓸데없는 말을 많이 했던 것 같다고 했다. 바로 어제까지 웃으며 잘 지내던 내가 갑자기 정색을 하고 쏘아붙여 많이 당황했었다고 하며, 자신이 서툴렀으니 이제 그만 미워하란다. 나도 뒤늦은 사과를 전했다. 딴에는 몇 날 며칠을 고심해 꺼낸 말이라 의욕이 넘쳐 세게 말했나 보다고. 그러니 어색해하지 말자고. 나도 너무 서툴렀다고.

나는 여전히 도망자다. 그 누구에게도 피해를 주지 않는 탈주라면, 그 방향이 나에게도 도움이 된다면, 기꺼이 회피를 선택할 것이다. 하지만 완벽히 덜어내지 못해 짐가방 맨 밑에 구겨 넣은, 언제든 나의 어깨에 무리를 줄 만한 무게라면 당장 드러내기 불편한 상황일지라도 감내하고 꺼내 버리려 한다. 점점 더 짊어지는 것들이 많아질 텐데 시간이 지나 찾지 못할 정도로 깊숙이 숨어버리면 어쩔 수 없이 이고 다녀야 하니 말이다. 단, 아직은 연습이 좀 더 필요할 것 같다.

"흙이 많은 사주네요"

대학교 신입생 시절, 사주 카페들이 우후죽순으로 생겨났다. 음료 한 잔을 주문하고 5,000원에서 10,000원 정도의 추가 요금을 내면, 사주풀이 책을 품으신 선생님이 테이블로 찾아와 사주를 봐주는 식이었다. 호기심으로 들른 강남역 근처의 카페에서 처음으로 사주를 봤다. 겨울에 보드라운 흙으로 태어난 나는 네 개의 땅과 두 개의 나무, 각각 한 개씩의 불과 금을 가지고 있다고 했다. 넓은 땅을 가지고 있으나, 양분이 부족해 풍족한 사주는 아니란다. 게다가 물이 없으니 쉽게 가뭄이 들어 고생도 많이 한단다. 또 사주에 흐르는 성질이 없어 유연하지 못하다고 했다. 그 뒤에 몇 년마다 운이 들어오는지, 주의해야 할 질병은 무엇인지, 결혼은 언제 하는지, 어떤 직업이 어울리는지, 한참을 풀어주셨던 거 같은데 "고생을 많이 한다"는 말에 꽂혀, 뒤의 풀이들은 잘 들리지도 않았다.

심심풀이로 본 사주에 괜한 근심을 얻었다. 시무룩하게 앉아 함께 간 친구의 사주를 듣는데, 친구의 풀이도 영 좋지 않아 보였다. 힐긋 본 친구의 안색이 급격하게 탁해졌다. 첫 경험에 찝찝함만 가득 안고 나온 우리는 선생님이 안 좋은 말만 해준 것 같다며, 일주일 뒤 다른 카페에 가보기로 합의했다. 다행히 두 번째 카페에선 전보다 귀에 단 말들을 들었다. 흙이 많은 나는 정직하고, 책임감이 강하다고 했고, 금이 많은 친구는 돈과 명예를 타고났다고 했다. 하지만 내 땅은 물이 없어 척박할 것이라고 했고, 친구의 재물은 잘 빠져나간다고 했다. 좋은 말과 들어서 좋을 것 하나 없는 말들을 고루 들었으나, 안 좋은 쪽

말이 살짝 더 신경 쓰이기는 했다. 이미 들어온 말이 한동안 맴도는 건 어쩔 수 없겠지만, 그저 특정 학문의 풀이일 뿐 예견은 아니니 진지하게 생각할 건 아니었다. 그럼에도 좋은 영향을 주는 말들은 아니었던 터라, 그 이후로는 자의로 사주 카페를 찾지 않았다. 그래도 개운치는 않아 평소 사주에 없다던 물이나 많이 마시며 잊고 지냈다.

그러던 중 올해 봄, 출연 중인 예능에서 타로 카페를 찾았다. 재미 삼아 출연한 멤버들의 타로점과 궁합을 보는 장면을 찍기로 했는데, 어쩌다 타로점을 치기 전 사주부터 보게 되었다. 생년월일과 태어난 시간을 말하고는 별 기대나 흥미 없이 앉아 있었다. 경쾌하고 상냥한 목소리로 포문을 연 선생님의 첫 풀이는 "흙이 많은 사주네요"였다. '네, 알아요. 고생 많고, 척박한 사주래요'라는 대답을 속으로 삼키고, 다음 풀이들은 귓등으로 흘려보낼 준비를 하고 있는데, 이번엔 달랐다. 비옥하고 넓은 땅을 가지고 있으니 좋은 토대와 가능성을 가지고 태어났다는 것이다.

땅이 넓으니 여러 그루의 나무를 심고 기를 수 있겠다며, 배우로서 '이보다 더 좋은' 사주가 없을 거란다. 다양한 분야에서 다양한 역할을 맡으며 단단하게 뿌리를 내릴 수 있는 기질을 가지고 있지만 안타깝게도 물이 없다고 하시며, 마른 땅에 노력이라는 '물'을 주면 울창한 숲을 얻을 수 있을 거란다. 방송임을 잊고, 탄성을 내질렀다.

노력이 '물'이라면 끊이지 않게 계속 퍼부을 자신이 있었다. 세상에 어쩜, 이렇게 예쁘게 해석될 수도 있는 거였구나 싶었다. 다른 친구들의 풀이도 아름답고 희망적이었다. 한 친구는 친화력이 좋고 성품이 좋아 어딜 가나 인기가 끊이지 않을 것이고, 다른 친구는 인내심이 있고 우직해 이루고자 하는 바는 기필코 해내고야 만단다. 구성원들의 기질이 다 달라 다양한 모습을 많이 담아내면 재미있고 유익한 프로그램이 될 거라 했다. 모두 입꼬리를 귀에 걸고 박수를 치며 좋아했다.
"우리 대박 날 건가 봐!!!!!"

한껏 들떠 내가 들었던 '이보다 더 좋을 수 없는' 사주를 휴대폰 메모장에 적어 내려가다 보니, 감회가 조금 달라진다. 포기하지 않으면 가능성은 언제나 열려 있고, 노력 여하에 의해 다른 결실을 맺는다. 친근하고 상냥한 사람은 그렇지 않은 사람보다 인기가 있는 게 당연하고, 인내를 가지고 버티면 꿈을 이룰 확률도 높아질 것이다. 돌이켜 생각해 보니 누구나 할 수 있는 풀이고, 누가 들어도 맞아떨어지는 해석이었다. 하지만 나는 분명 척박한 줄 알았던 내 땅이 한순간에 가능성이 가득한 비옥한 땅으로 변하는 과정을 직접 목도했다. 컵에 반 정도 담긴 물을 보고, 누군가는 반이나 남았다고 하고 누군가는 반밖에 안 남았다고 한다. 칭찬은 고래도 춤추게 한다. 드디어 알겠다. 내 안에 긍정을 작동시키는 원리를.

타로 카드가 배우고 싶어졌다. 주변 사람들에게 타로점을 풀이해 주며 예쁘고 좋은 말, 긍정적인 말에 희망을 잔뜩 담아 에너지를 주고 싶어졌다. 면전에서 하는 칭찬은 낯간지러울 수 있고 듣는 사람도 입에 발린 말이라 생각할 수 있지만, 심심풀이로 본 점괘가 이보다 더 좋을 수 없다면, 필연으로 받아들이게 되지 않을까?

"세상에나! 당신은 무한한 가능성을 가지고 있어요. 기본 바탕이 너무 좋아서 아주 조금만 노력해도 하고 싶은 모든 일을 다 이룰 거예요. 그릇 자체가 크고 튼튼한 사람이라 무엇이든 담을 수 있으니 이것저것 많이 경험하며 실컷 담으세요. 언제나 풍요롭고 여유로울 것입니다. 훌륭한 성품을 타고났네요. 마음을 조금만 열면 모두가 당신을 좋아하게 될 거예요. 혹시 지금 힘든 일이 있다면 금세 지나갈 별거 아닌 일이니까 너무 심려치 마시고요. 화창하고 밝은 미래가 기다리고 있으니 반드시 잘 될 겁니다."

Letter 3.

"식사하셨어요?"

작은 식당을 운영하시던 친할머니는 제가 놀러 갈 때마다 커다란 양푼에 한가득 국수를 삶아주셨습니다. 여름엔 콩국수였고, 날씨가 찰 땐 바지락칼국수였지요. 다 먹지도 못할 만큼 많은 양을 주시면서도 꼭 덧붙이는 말씀이 있었습니다.

"많이 했어. 많이 먹어. 먹고 더 먹어라."

잘 익은 김치를 찢어 앞접시에 놓아주시고는 밥 먹는 내내 옆에서 지켜보셨어요. "할머니도 드세요"라는 말에 "내 새끼 입에 들어가는 것만 봐도 나는 배부르다"라며 국물을 더 떠다 주시고는 했지요.

아빠는 일주일에 한 번은 꼭 전기구이 통닭을 사 오셨습니다. 집에 밥 있는데 뭐 하러 사 오냐며 잔소리를 하는 엄마에게 "내가 집으로 오고 있는데 통닭들이 일렬로 줄지어 내 다리를 붙잡잖아"라며 너스레를 떠시고는 제가 제일 좋아하는 날개와 가슴살을 찢어주시고, 찹쌀밥을 덜어 후후 불어 식혀주셨습니다. 따끈하고 쫀득한 찹쌀밥을 야금야금 먹으며 이런저런 대화도 나누고, 행복한 웃음꽃을 피워댔죠. 나중에 알게 된 사실이지만 통닭집과 우리 집은 꽤 거리가 있었습니다. 아마도 아빠는 딸에게 따뜻한 통닭을 먹이고 싶어서 그 거리를 빠른 걸음으로 달려오셨겠죠. 고소한 냄새가 솔솔 올라오는 종이봉투를 손에 들고서요. 어떤 기분이셨을까요?

"식사하셨어요?", "밥은 잘 챙겨 먹고 다녀?", "저랑 같이 식사할까요?", "밥은 내가 살게", "맛있는 거 많이 드세요." 우리 민족은 밥에 관련된 인사를 참 많이 해요. 그냥 안부를 묻는 말임을 알면서도 마음이 뭉근히 간지럽습니다. 할머니 칼국수 냄새와 땀방울이 엉겨진 아빠의 미소가 떠오르기 때문입니다. 저를 사랑하는 사람들한테는 저의 밥이 참으로 중요했을 테죠. 당시엔 잘 몰랐던 그 깊은 정들을 저도 점점 알아갑니다.

  부모님과 함께 외식을 할 때면, 평소엔 쉽게 접하지 못하는 특이한 메뉴의 가게를 찾습니다. 세상에는 맛있는 음식이 너무 많잖아요. 딸과 함께하는 식사는 늘 새롭고 좋은 기억으로 남았으면 좋겠거든요. 취향에 맞아 맛있게 드시는 모습을 볼 때면, 세상을 다 가진 것 같이 행복해집니다. 안부 전화를 드렸을 때 입맛이 없다고 하시면 심장이 덜컥 내려앉습니다. 그래서 전화를 끊자마자 밥맛이 좋아진다는 영양제나 한약을 검색해요. 맛집에 가면 가족 생각이 가장 먼저 납니다. 꼬박꼬박 사진을 찍고 식당 이름을 저장해 놓아요. 나중에 꼭 같이 오려고요. 반려자가 바쁜 일정 때문에 밥때를 놓쳤다는 문자를 하면, 배고파서 힘이 없을까 봐 초조해집니다. 편의점에라도 들르라고 괜한 잔소리를 하게 돼요. 입맛이 까다로운 고양이들이 새로운 간식에 관심을 보이면 너무나 기분이 좋습니다.

진심으로 상대방의 '끼니'를 걱정하고 신경 쓰게 되면서, 저는 '밥'이 들어간 인사가 더 어려워졌습니다. 저에게 누군가와 함께 밥을 먹는다는 건, 조금 더 가까워지고 서로 편안해졌다는 걸 의미합니다. 그러다 보니 익숙지 않은 관계의 사람과 마주 앉아 밥을 먹는 일이 쉽지가 않아요. 밥알이 입으로 들어가는지 코로 들어가는지 모를 만큼 긴장하기도 하고, 꼭 체해서 고생을 합니다. 그래서 가깝지 않은 분과 약속 시간을 정할 땐 일부러 밥시간을 피해 잡습니다. "식사하셨어요?"라는 인사에 기다렸다는 듯 "네"라고 대답합니다. 반례로 되물은 질문에 아직 끼니를 해결하지 못했다는 답이 돌아오면 덜컥합니다. 상대방의 밥시간을 빼앗은 걸까 봐. 혹은…… 혹시나 같이 밥을 먹자고 할까 봐.

"언제 같이 밥 먹자"라는 흔한 끝인사도 잘 못 합니다. 이 문장은 저에게 굉장한 호의이자 기대감을 부풀리는 말이에요. '언제'에 기약이 있고 '같이'에 설렘이 있으며 '밥'에 정이 들어가 있잖아요. 그래서 좋아하는 사람에게 들으면 그 언제가 언제일지 학수고대하고, 편하지 않은 사람에게 들으면 그 언제가 언제 올지 남겨둔 숙제처럼 찝찝해요. 상대도 그럴지도요. 그래서 기약 없는 공수표는 던지지도 받지도 않습니다. 혹시 저 조금 피곤한가요?

근데요. 저 정말 밥에 진심이라 그래요. 밥은 의'식'주에 포함되어 있고, 우린 다 먹고살자고 일하는 거고, 밥심으로 생활하잖아요? 맛집에는 늘 사람이 붐비고, 인기 레시피 영상은 조회 수도 엄청 높고요. 일면식도 없는 사람의 먹방을 찾아보기도 하는걸요. 제가 당신의 식생활을 걱정한다는 건 당신에 대한 사랑과 우정, 존경이 진심이라는 뜻이에요. 관심 밖의 사람이 뭘 먹든 언제 먹었든 무슨 상관이겠어요. 그렇지 않나요? 아, 지금 몇 시죠? 식사는 하셨나요? 전 당신의 끼니가 궁금합니다.

Talk 4.

마침내 나를 이루는 사이의 말들

"하루의 길이는 물리적 시간이 아니라 감정에 의해 결정된다"

여러 해 동안 폭 빠져 있는 단어 두 개가 있다. 바로 '감정'과 '기억'이다. 모든 인간이 태어나서 가장 먼저 표현하는 것이 감정이다. 느닷없이 만난 바깥세상의 빛, 자신을 감싸고 있던 따듯한 물이 사라지고 낯설게 간질이는 공기가 살갗에 닿는다. 놀란 건지 두려운 건지도 모르겠는 그때 표출할 수 있는 방법은 울음뿐이다. 시원하게 울어젖혀 본다. 아이의 첫 감정 표현에 둘러싼 모두가 환희와 기쁨을 나눈다. 이 순간을 기점으로 앞으로의 우리는 자신의 감정을 솔직하게 표현하는 일에 제재를 당하기 시작한다.

배가 고프다. 알아달라고 소리 내 울었다. 나보다 몇 배나 더 큰 사람이 내 기저귀 속을 한번 쓱 들여다보고는 살포시 안아 올려 어르고 달랜다. "울지 마, 아가." 엉덩이가 뜨끈해졌다. 축축하고 찝찝해서 또 울었다. 누군가가 나를 급히 안아 들고 밖으로 뛰어나간다. "사람이 많은 곳에서 큰 소리로 울면 안 돼. 뚝 그치자." 전보다는 조금 굳은 어조로 타이른다. 공중에서 내 몸이 오구오구 흔들린다.

조금 자랐다. 짜증이 나서 짜증을 내는데 자꾸 이러면 나쁜 어린이라고 한다. 하고 싶은 것을 못 하게 해 화가 나 떼를 쓰는데, 참을 줄도 알아야 한다고 혼났다. 에잇, 무기를 써야겠다. 전처럼 내 마음을 알아채달라 큰 소리로 우는데, 울면 산타 할아버지가 선물을 안 주신다는 협박을 받았다. 분명 태어나는 순간에 우렁차게 울어댈 때는 다들 좋아해 주었으면서, 이제 와서 감정을 드러내면 잔소리가 따라붙는다. 친구들과 사이좋게 지내려면, 어른들께 예쁨을 받으려면, 선생님께 칭찬을 들으려면 감정을 조절하고 상황에 맞게 대처해야 한단다.

맞다. 세상은 혼자 살아갈 수 없고 모두와 조화로우려면 순수 감정을 컨트롤하고, 숨기고 포장하는 훈련을 해야 한다. 해가 거듭될수록 이에 더 능숙해져야 할 것이다. 사회에서 암묵적으로 약속된 배려와 예절과 태도라는 것이 분명히 존재하지만, 강제와 억압 수순으로 변질될 때 문제가 생긴다. 그래서 내가 이 모양이다. 동그랗게 잘 어울려 지내고 싶은 소망, 그 누구에게도 미움받지 않고 싶은 욕심, 끝내 사랑받고 싶은 욕망을 실현시키려 때와 장소에 맞는 감정과 태도를 익히고 복습해왔다. 감정을 앞세우는 사람보다 이성적인 사람이 되고 싶어 만들어낸 강박들은, 점점 더 강한 탄력이 붙어 결국 내 힘으로 늘이기 힘든 지경이 되었다.

비단 나뿐이랴. 사회생활이라는 게 그렇다. 떨 듯이 기쁠 때도 적당히 주위 분위기를 봐가며 좋아해야 한다. 눈물이 쏟아지기 일보 직전에도 억지로 삼켜 넘긴다. 화가 폭발할 상황에도 분노를 누르며 숨을 고른다. 마음이 찢겨 피가 나도 괜찮다며 웃을 줄 알아야 한다. 어느새 내 진짜 감정이 뭔지 헷갈린다. 내가 지금 좋아서 웃는 건가? 방금 끄덕임은 마음에서 우러난 공감이었을까? 아, 눈물 날 것 같아. 확 다 뒤집어엎고 싶은데 참아야겠지? 내 상처를 드러내 보이면 약점이 될까?

2021년 3월, 강릉에서 〈긴 하루〉라는 영화를 찍었다. 옴니버스로 구성된 네 가지 이야기 속 인물들은 상황, 사람, 그때의 감정, 분위기에 따라 함께 공유한 하루를 모두 다르게 기억한다. 갈린 '감정과 기억'은 다른 사람을 만든다. 그래서 각각의 에피소드에 등장하는 사람들은 다 동일인일 수도 아닐 수도 있을 것이다. 내가 출연한 네 번째 에피소드에 나오는 "하루의 길이는 물리적 시간이 아니라 감정에 의해 결정된다"는 대사가 있다.

하루의 길이뿐이랴. 일주일이, 한 달이, 일 년이.

모든 시간이 그렇다. 찰나에 지나간 몇 년이 있는가 하면 유독 기억에 진하게 남은 단 하루도 있다. 아무리 기억해 내려 애써도 도무지 기억나지 않는 때도 있고 여러 번 본 영화의 각인된 장면들처럼 뚜렷한 기억도 있다. 하늘의 색, 기분의 온도, 바람의 냄새, 입었던 옷, 주고받았던 말까지 떠오르는 그날의 감정들은 여전히 생생하지만, 지워져 버린 시간엔 나의 감정이 묻어나지 않는다. 기억은 일기장처럼 친절하지 않다.

아름답고 행복했던 기억을 동력 삼아 현재를 버텨내고, 머리로는 이해해도 가슴으로는 감당하기 어려운 감정의 소용돌이 속에서 참 많이 아프기도 한다. 인간은 이성의 동물이지만 명백한 감정의 동물이기도 하다. 마음을 움직이는 것은 분명 감정이고, 순간의 감정들이 모여 기억이 되고, 그 기억들이 나를 온전한 나로 존재케 함에도, 이성에 비해 너무 경시하고 있는 게 아닐까 싶다. 나의 하루는 오늘의 감정이 어땠는지에 따라 홀연히 사라지거나 빼곡히 기록

될 것이다. 내 감정을 어떻게 대접하고 있는가? 작년에 가장 행복했던 일은 무엇이었을까? 한 달 사이 최고로 감동받았던 순간은? 일주일 동안 당신을 제일 힘들게 한 건? 지금 거울 속에 비친 당신의 눈은 어떤 이야기를 하고 있는가?

"소심하니까 세심하고 섬세할 수 있는 거야"

난 소심하다. 사전적 의미로 "대담하지 못하고 조심성이 지나치게 많다"고 하는데, 의미를 찾아보니 더욱더 내 얘기다. 한사코 아니라 부인해왔으나, 친한 지인들의 한결같은 놀림을 당하다 보니 인정해야 할 때가 온 것 같다. 일단 나는 겁이 많다. 내게 익숙하지 않은 모든 것에 낯을 가린다. 처음 만난 사람과의 어색함이 두려워 최대한 빨리 친해지기 위해 성격 좋은 척을 한다. 만면에 미소를 띠고, 즉각적인 공감의 리액션을 보내고, 대화를 계속 이어 갈 만한 가벼운 화제들을 던지며 정적을 메운다. 본 모습을 눈치채지 못한 상대방이 나에게 호감을 느껴 전화번호 요청이라도 할라치면 등 뒤에 식은땀이 흐른다.

'아…… 가까워지자는 건 아니었는데…….'

약속 장소나 촬영 현장에도 늘 20분 이상 먼저 나간다. 초행길에 생길 수 있는 변수들도 무섭고, 새로운 장소 자체에 적응하는 데도 시간이 걸리기 때문이다. 혹시 모르니 화장실이 어딘지도 확인해 봐야 하고, 가까운 곳에 뭐가 있는지, 분위기는 어떤지 나름의 파악을 해 놓아야 마음이 안정된다. 그래서 여행도 쉽지 않다. 언제, 어디서, 무엇이 필요할지 모르니 준비해야 할 것이 많다. 항상 짐도 한가득이다. 여행 계획을 세우려면 그 지역에 대한 사전 조사가 필수이므로 책도 봐야 하고, 인터넷 검색도 수 시간 해야 직성이 풀린다. 번거롭고 귀찮아서 여행은커녕 외출도 잘 안 하려 한다. 대담하지 못하니 돌발 상황에 취약하다. 조금이라도 당황하면 심장부터 요동쳐 침착하게 대처하기가 어렵다. 오죽하면 서프라이즈 이벤트도 돌발 상황으로 취급해 반려자에게 프러포즈

같은 거 할 생각도 말라고 미리 못 박았을 정도다. 이 정도쯤 되면 당연히 조심성이 지나치게 많을 수밖에 없다. 소심한 나를 인정은 하지만, 마음을 따라 자꾸 작아지려는 자신감과 자존감이 조금 걱정되긴 한다.

대화 메신저에 나의 이름을 한글 초성인 'ㅅㅅㅇ'으로 설정해 놓은 적이 있었다. 대화를 나누는 사람마다 '소심이'냐고 물어보는 통에 금세 다시 영어 이니셜로 바꾸었다. 배우가 되어 예명으로 활동하면서 행동을 더 조심하게 되었으니, 운명적으로 내 이름에 소심이 묻어나게 되었나 싶어 자포자기하고 있는데, 당시 작품을 같이 했던 감독님이 생각을 전환할 수 있는 발판을 마련해 주셨다. 모니터를 통해 나를 지켜봐 오신 감독님은, 마음이 닫혀 소심해지는 거야 어쩔 수 없지만 적어도 카메라 앞에서는 당당해지는 사람이니, 'ㅅㅅㅇ'를 '소심이'로 생각하지 말고 '세심이'로 바꿔 생각해 보는 것이 어떻겠느냐고 하셨다.

'세심하다'의 사전적 의미는 "작은 일에도 꼼꼼하

게 주의를 기울여 빈틈이 없다"이다. 꼼꼼하게 신경 쓸 일이 많아 스스로를 피곤하게 만들기도 하지만, 작은 일에도 정성을 쏟고, 실수할 일을 만들지 않으려 빈틈이 없으니 소심보다는 세심이 더 어울리지 않겠냐며 "소심하니까 세심하고 섬세할 수 있는 거야"라고 말해주셨다. 스스로 소심하다 인정해놓고선 왠지 위축이 되는 기분이었는데, 세심하다는 이야기를 듣는 순간 따듯하고 정이 많은 사람이 된 것 같았다. 게다가 섬세하기까지.

이름에 두 개나 들어있는 시옷의 발음은 치아 사이로 공기가 통과하며, 어딘가 시원한 느낌이 든다. 은근히 발음하기가 까다로워 연이어 있거나, 애매한 구간에 끼어있을 때는 제대로 읽기가 껄끄러운 까탈스러운 자음이기도 하다. 그러면서도 시옷(ㅅ)은 두 개의 직선이 서로에게 기대어 서 있는 모습을 하고 있는데, 사이가 아주 좋아 보인다. 가끔 까탈스럽기는 하지만 믿고 지탱해 서 있을 수 있는, 막힌 곳 없이 시원한 시옷 같은 사람이 되고 싶어진다. 한번 의미 부여를 시작하면 끝을 봐야 하는 성격 탓에, 내 이름처럼 시옷이 두 개 들어간 닮고 싶은 단어들을 찾아보았다.

- 섬세하다: 곱고 가늘다. / 매우 찬찬하고 세밀하다.
- 성실하다: 정성스럽고 참되다.
- 순수하다: 전혀 다른 것의 섞임이 없다. / 사사로운 욕심이나 못된 생각이 없다.
- 성숙하다: 몸과 마음이 자라서 어른 같은 데가 있다.
- 숙성하다: 충분히 이루어지다. / 효소나 미생물의 작용에 의하여 발효된 것이 잘 익다.
- 소생하다: 거의 죽어 가다가 다시 살아나다.
- 신선하다: 새롭고 산뜻하다. / 채소나 과일, 생선 따위가 싱싱하다.
- 싱싱하다: 시들거나 상하지 아니하고 생기가 있다. / 힘이나 기운 따위가 왕성하다. / 빛깔 따위가 맑고 산뜻하다.
- 선선하다: 시원한 느낌이 들 정도로 서늘하다. / 성질이나 태도가 까다롭지 않고 주저함이 없다.

작은 마음에 갇혀 점점 벽을 끌어당기다 사라질 줄 알았는데, 살짝 전환 시켜주니 갇힌 마음에 공기가 통하는 느낌이다. 작지만 순수하고 선선하게 다시 살아나 산뜻해진 시옷의 향연 속에서 앞으로는 자랑스럽게 소심할 수 있을 것 같다. 나의 성질 중 인정은 하지만, 한편 부정적으로 느끼기도 하는 것들을 더 찾아봐야겠다. 작은 힌트로 전환점들을 발견하고, 충분히 의미를 부여한 후 내 것으로 만들겠다. 뭐부터 시작할까. 변덕이 심하다? 예민하다?

"우린 서로에게 물들었다"

함께 살고 있는 우리 집 반려묘들은 식물에 관심이 아주 많다. 고양이 채소로 불리는 캣 그라스를 제외하고도, 초록색 잎이 있는 것들은 꼭 한 번씩 뜯어 먹어보려 한다. 예전부터 향이 좋은 허브들을 키워보고 싶었음에도 어떤 허브는 고양이에게 치명적으로 해롭다고 해 집안으로 들이길 포기했다. 이사를 하고, 뒷마당이 생기고 나서야 생애 처음으로 허브 화분들을 사보았다. 민트와 로즈메리 그리고 바질. 차로 이동하면서 혹시나 화분이 넘어져 깨질까 봐 품에 꼭 안고 있었다. 그사이 내 손과 몸에 자연스레 허브향이 스며들었나 보다. 고작 15분 정도 안고 있었을 뿐인데, 향이 깊이 배어 꽤 오랜 시간 동안 향긋한 사람이 되었다.

각자가 가지고 있는 고유의 향과 색은 주변을 물들이며 퍼져 나간다. 홀로 진하게 존립하는 향부터, 하나씩 떨어져 있을 때는 모르다가 다발로 합쳐져야 공간의 분위기를 바꾸는 은은한 향까지. 어떤 향은 취향에 따라 호불호가 갈리기도 하고, 모두가 좋아하는 향, 코를 막아도 새어 들어오는 악취 등 다양하다. 우리는 모두 각자 독립적인 존재가 되어 가는 과정에서 여러 가지 향에 배이고 물들며 살아간다. 그게 사람일 수도, 환경일 수도 있다.

누군가의 행실을 보고 가정교육을 운운하기도 하는 이유는 그 사람에게 자라온 환경이 묻어있기 때문일 것이다. 아들의 수학 환경을 위해 맹자의 어머니가 이사를 다녔던 것처럼, 우리나라도 학군의 분위기를 타고, 소위 말하는 '노는 물'을 달리하기 위해 조기 유학을 보내기도 한다. 보호자들은 자신의 보호 대상이 화목한 가정에서 자란 우등생이나 모범생을 친구로 두기를 바라고, 자주 모이는 친한 사람들의 부류를 '끼리끼리'라 부르며 그들의 분위기를 보고 그 안에 속해 있는 누군가에 대해 호감이나 편견을 가지기도 한다.

노력 여하에 따라 달라지긴 하겠지만 주어진 환경을 바꾸기란 쉽지 않다. 특정 색깔을 띠고 일정한 무드를 유지하고 있는, 전혀 달라질 기미가 없는 공간과 상황을 엎고 바꿀 수 있는 건 사람뿐이다. 짙은 향취를 가지고 있는 사람 하나로 전체가 달라지기도 한다. 미꾸라지 한 마리가 강물을 흐린다고 했다. 누군가로 인해 한 부분이라도 썩어들어가기 시작하면 금방 다른 곳으로 전이되어 전부를 못 쓰게 만든다. 미리 발견해 늦기 전에 도려내 버리고, 꺼내 치우면 자정작용을 거쳐 다시 맑아질 수 있다.

이미 악취로 가득한 곳의 문을 열어 환기를 시키

고, 예전의 모습으로 회귀시킬 수 있는 존재 역시 사람이다. 이젠 틀렸다며 진즉 포기한 상황에서도 확고하고 강력한 향과 색을 가진 누군가가 팔을 걷어붙이면, 함께 연대하여 바뀔 수도 있겠다는 희망이 생긴다. 호감을 느낀 사람과 더불어 살다 보면 자연스레 서로에게 영향을 주고 동화되어 간다. 그렇게 서서히 서로에게 물들어 간다.

판이한 환경에서 자라 정반대의 성향을 가진 나와 반려자는 다름에서 오는 차이를 극복하고, 서로를 거울처럼 바라보며 좋은 점들을 배워간다. 시나브로 닮아가다 "우린 서로에게 물들었다"라고 시인했다. 내가 사랑하는 사람을 본보기 삼고, 그 사람에게서도 내 모습이 보일 때, 함께 한다는 건 알맞게 융화하고 동화되어 새로운 완성을 꿈꾸는 일이 되었다.

어릴 때부터 늘 좋아하는 사람을 향해가고 싶었다. 존경하는 작가, 철학가, 사회운동가, 정치인, 그리고 우리 부모님. 내 우상의 신념과 가치관은 물론 취향, 자주 쓰는 어휘와 표현, 특유의 말투와 목소리까지 더 깊이 좋아 마음에 들였다. 그렇게 성장해 가는 내가 좋았다. 자라오면서 막연하게 꿈꾸었던 것 같다. 나도 누군가를 자연스럽게 물들이는 사람이 되었으면 좋겠다고. 포근한 향을, 따듯한 색을 가진 사람이 되고 싶다고. 그래서 꼭 함께하고 싶은 사람이 되고 싶다고.

"하고 싶은 거 다 해"

보고만 있어도 환해지는 맑은 아이돌의 웃는 사진 아래, 앳된 얼굴로 올림픽에 출전하는 어린 선수의 기사 아래, 혼신의 연기를 펼친 아역배우의 영상 클립 아래.

"우리 ○○ 하고 싶은 거 다 해!"

시작은 이제 막 자신의 꿈을 향해 발을 내디딘, 어린 친구들을 응원하는 말이었던 이 문장은 점차 영역을 넓히어 성인은 물론이고, 어르신께도, 심지어 동물에게도 건네는 희망의 말이 되었다. 많이 쓰는 문장이지만 볼 때마다 마음이 일렁일렁한다. 어찌나 따듯하고 아늑한 사랑스러운 축복인지.

　나도 가끔 이 축복을 받고는 한다. SNS 게시물 댓글로도 만나고, 가까운 지인들과 새해 인사로도 주고받는다. 새 작품에 들어가기 전 겁내지 말고 마음껏 역량을 펼치라는 뜻으로 감독님과 작가님께 듣기도 한다. 하고 싶은 것. 가만히 입에 올려 이 문장을 읊조려본다. 달다. 기분이 좋아진다. 펜과 노트를 쥐고, 하고 싶은 것들의 목록을 작성해 보기로 했다. '1.'이라고 숫자를 붙이고 뭐부터 써야 할지 몰라 망설여진다. 갑자기 수많은 조건들이 따라붙어 버렸다. 조금만 더 어렸다면, 돈이 더 많았다면, 시간이 더 충분했다면 뭐든 다 할 수 있을 것 같은데, 지금 당장은 할 수 있는 게 별로 없어 타격을 입는다. 다시 막연해진다. 방금까지 달았었는데 현실에 쓴맛을 느낀다.

　언제부터인지 하루를 버텨낸다는 심정으로 지낸다. 뭉친 어깻죽지와 피곤한 눈꺼풀을 들어 올리기도 벅찬데, 하고 싶은 거 따위 할 체력과 에너지가 남아 있지 않은 것 같다. 그래서 가끔 "하고 싶은 거 다 해"라는 문장이 조금은 애잔하게 느껴지기도 하나 보다. 생각해 보니 어렸을 때 부모님께 자주 들었던 말이다. 나는 못 하고 살고 있으니 너라도 다 하고 살라고. 어쩐지 너무 좋은 말임에도 마냥 설레지만은 않더라니, 일렁임엔 안타까움과 회한도 섞여 있었다.

부정적이고 어두운 생각에 휩싸이면 한도 끝도 없다. 하고 싶은 거 다 하라는 응원까지 받은 김에 뭐 하나라도, 내가 정말 하고 싶은 걸 찾고 싶다. 우울에 빠지려는 감정을 끌어올려 붙들어 맸다. 거대한 꿈, 인생의 목표, 가치관을 다 떠나서 '지금 당장' 하고 싶은 일을 생각해 봤다. '지금 당장' 담백한 두유를 왕창 섞은 커피 한 잔을 마시고 싶다. 완연한 고요, 나른한 온도에 폭 쌓여 편한 의자에 앉아 푹 빠질 수 있는 새 책 한 권을 읽고 싶다. 저녁엔 얼큰하고 속이 확 풀리는 짬뽕 한 그릇을 완뽕하고 싶다. 맞지 않거나, 손이 가지 않는 옷들을 정리해 옷장을 쾌적하게 만들고 싶다. 그래서 지금 나에게 필요한 건, 커피를 타기 위해 부엌으로 갈 의지, 책 한 권과 짬뽕을 사 먹을 돈, 그리고 조금의 시간이었다.

하고 싶은 일들을 하고 살려면 조건과 대가가 따르는 게 당연하다. 당장의 내 여건과 쉽게 맞바꿀 수 있는 아주 사소한 바람들을 풀고 보니, 그동안 하고 싶은 게 없던 게 아니라, 귀찮고 성가시니 그냥 할 수 있는 일만 하면서 핑계나 대왔던 게 아닐까 싶다. 날씨 좋은 주말에 인테리어가 예쁜 카페에서 친구와 사진을 남기고 싶어졌다. 이를 위해 나는 다음 주 촬영 대본을 미리 숙지해 놓아야 하고, 친구는 주중에 미팅 자료 준비를 끝내 놓아야 한다. 해야 할 일들을 당겨서 해야 하지만, 이 정도는 무리가 없다. 조금 더 욕심을 내봐야겠다.

부모님과 여행을 가고 싶다. 어릴 때는 부모님이 여기저기 많이 데리고 다녀주셨으니 이제 내 차례다. 아직 우리 가족은 같이 비행기를 타본 적이 없다. 해외로 가야겠다. 복잡한 곳을 싫어하시는 부모님을 위해 휴양지로 생각하고는 있는데, 비용이 만만치 않다. 결혼을 하고 이사를 하느라 지출이 늘었을 뿐 아니라, 예전에 비해 일도 줄었고, 그마저도 꾸준하지 않다. '시간도 없고, 돈도 없으니 나중에 갈까'라고 합리화하고 싶은 마음이 스멀스멀 올라온다. 하지만 "나 한 살이라도 젊을 때 딸이랑 여행 가보고 싶어"라고 했던 엄마의 말이 떠오른다. 아빠도 말씀은 안 하시지만 분명 기대하고 계실 것이다. 나에게도 꼭 하고 싶은 일이지 않은가. 나중이 되면 더 나중을 찾을 게 분명하다. 더 이상 핑계 대지 말자. 온 가족의 염원이 모인 일이니 반드시 하고야 말리라. 외식비를 줄이고 불필요한 소비를 줄이자. 사고 싶은 물건이나 옷들도 장바구니에만 머물렀다. 매달 조금씩 '하고 싶은 일'의 조건과 나의 소비 욕망을 맞바꾼 결과로 우린 곧 떠날 것이다.

하고 싶은 일이 있다는 것은 내일을 기대하게도, 미래를 소망하게도, 현재의 나를 발전시키기도 한다. 하고 싶은 게 있는가. 현실적 제약이 있더라도 그것을 무너뜨릴 만큼 간절한가. 그렇다면 꼭 하길 바란다. 다 이루길 바란다. 해도 된다. 할 수 있다.

"Seize the day"

뇌리에 남는 광고 카피 한 문장에 이전에는 관심도 없던 상품에 대한 인식이 바뀌어버린다. 실제로 판매 매출에 영향을 주고, 제품 이미지 메이킹에도 효과적이라 한다. 인상 깊은 한 줄의 글귀는 생각보다 진하게 박혀 쉽게 지워지지 않는가 보다. 그리고 보면 자의로든 타의로든 중요한 시점마다 늘 문장이 따라다닌다.

초·중·고등학교를 다니며 딱 그 연령대 즈음에 갖추어야 하는 문장들을 교훈으로 만나게 된다. 인의 예지, 삼강오륜의 유교적인 가르침부터 성실, 근면, 협동을 지나 최근에는 꿈과 희망을 담은 문장들도 많아졌다. 진학하면서 학교의 방침에 따라 학업에 초점이 맞춰지기도 하고, 사람을 중요시하기도 한다.

학기 초에는 늘 급훈을 정했었다. 담임선생님의 성향에 따라 혹은 반을 구성하는 학생들의 개성에 맞춰 천차만별인데, 귀차니즘의 성질이 강한 반은 10년, 20년 전과 다를 바 없는 문구를 형식적으로 걸어 붙이기도 하고, 적극적인 반은 자기들만의 정신을 담아 독특한 단어와 문장을 만들어내기도 한다. 교훈보다는 변환이 쉬워 시대상을 담뿍 담을 수 있기 때문인지, 인터넷에 '급훈'을 쳐보면 피식 웃게 하는 귀여운 문장부터 심금을 울리거나 뼈를 때리는 촌철살인의 기발한 문장들도 볼 수 있다. 비단 학교뿐이랴. 각 회사들에도 사훈, 비전이 있고 수많은 캐치프레이즈들이 있다.

더 작은 집단의 문장으로는 가훈이 있겠다. 초등

학교 미술 시간, 가훈을 쓰고 소개해야 하는 숙제가 있었다. 나의 발표를 위해 온 가족이 머리를 싸매야 했다. 함축적인 노래 가사나 시적인 표현을 좋아했던 부모님이었지만, 막상 '가족의 문장'을 만들려고 하니 급격히 진부해졌다. 형식적인 숙제일지언정 딸이 꼭 마음에 새기고 지켰으면 하는 말로 정하고 싶으셨나 보다. 가족이라곤 아빠, 엄마, 나, 셋뿐임에도 불구하고 각양각색의 다양한 후보들이 나왔으나 이틀 동안 수차례 회의를 거쳐 정한 가훈은, 상투의 극치인 '정직'이었다. 흔하디흔하고 뻔하다며 투덜거리는 나에게 기본적인 것이 가장 중요한 거라고 강조하셨다. 아빠는 딸이 화선지에 꽉 찰 만큼 큼직하게 써온 두 글자의 가훈을 액자에까지 끼워 꽤 오랫동안 벽에 걸어놓으셨다. 집 한구석을 차지한 그 단어는 계속 명맥을 유지했는지, 우리 부모님은 여태 지나치게 정직하게 사신다.

마음을 뒤흔드는 어떤 문장들은 오래 남아 계속 꺼내 읽게 되는데, 이는 곧 자신의 가치관이 담긴 '좌

우명'이 되고는 한다. 나의 세상이 변할 때마다 가슴을 때리는 인생 문장도 계속 늘어난다. 학창 시절에는 책에서 보고, 라디오에서 들은 위로의 말들을 일기장에 옮겨 적었고, 20대 초반에는 싸이월드에서 감성을 자극하는 글귀들을 모았다. 그 후엔 트위터, 페이스북, 인스타그램, 카카오톡 등을 통해 참 많은 문장들을 저장하고 기록했다. 한참을 잊고 지내다 엄마의 집에서 과거의 일기장을 발견하고, 싸이월드의 사진들이 복구되면서 과거의 나를 일으켜 세웠던 문장들을 다시 보게 되었다.

고등학교 일기장 안에는 수능이 끝나면 신나는 일만 가득할 것 같다는 기분 좋은 예감, 곧 볕이 뜨리라는 기대, 올겨울만 지나면 드디어 해방이라는 등 희망적인 문장들로 가득했다. 20대 초반에는 처음 느낀 사랑의 황홀함으로 시작해, 이별 후 "사랑은 없다"와 같은 체념까지 온통 사랑투성이였다. 고심을 숨기고 마냥 환하게 미소 지은 사진과는 다르게, 글은 그때의 내 표상 같았다. 부끄럽기도 하지만 괜스레 몽

글해진다. 그때의 나는 그랬구나.

내 왼쪽 발등에는 아예 문장 하나가 지워지지 않게 새겨져 있다. "Seize the day." 많은 사람이 알고 있는 "Carpe diem"과 짝꿍으로 함께하는, 영화 〈죽은 시인의 사회〉의 대사이다. 비슷한 맥락의 두 문장은 "오늘을 즐겨라", "오늘을 살아라"라는 뜻인데, 현재를 열심히 살아야만 원하는 미래를 만들 수 있다는 뜻도 있고, 미래에 대한 걱정보다는 다시는 돌아오지 않을 오직 하루뿐인 오늘을 온전히 즐기라는 뜻도 있다.

20대 후반의 나는, 미래에 대한 걱정과 불안으로 현재에 감사하며 살지 못했다. 나중에 후회할 게 자명했기에, 내 인생에서 가장 젊은 오늘을 충분히 즐기며 살자는 다짐이 필요했다. 마침 문장의 처음과 끝 글자가 내 이름의 이니셜인 'S.Y'와 일치하는 "Seize the day"를 운명처럼 느끼고 인생의 문장으로 정했다.

이후 10년의 시간이 흘렀다. 세월과 함께 흐려진 발등의 타투와 같이 내 마음도 흐려진 건지, 아직도 나는 지금을 온전히 즐기지 못한다. 발에 새긴 문장조차 완전한 내 것으로 만들지 못한 것이다. 하지만 상관없다. 적어도 일절 생각하지 않는 것보단, 옆에 두고 한 번이라도 더 되새기는 편이 나으니까. 애초에 이미 내 것이었던 문장은 마음을 건들지도 않았을 것이다. 나의 문장은 오늘도 어제보다 나은 이상적인 나를 만드는 데 일조하고 있을 것이다.

"다 괜찮을 테니 안심해"

주말 밤, 복통이 심해 응급실에 갔다. 저녁으로 먹은 조개 샤부샤부가 화근이었던 것 같다. 함께 식사를 한 분이 백합과 가리비 등을 건져 앞접시에 놓아주셨는데, 살짝 덜 익은 느낌이었지만 괜찮을 줄 알고 먹은 게 문제였다. 가벼운 식중독 증상이라 다행이었지만, 링거를 맞으며 오한이 와 덜덜 떨면서 "앞으로 음식은 잘 익혀 먹어야겠다"는 큰 교훈을 얻었다. 이후 완조리가 되어 있음에도 단순히 느낌상, 식감이 조금 물컹하다거나 식어서 차가워진 음식을 먹으면 배가 아파 왔다. 같이 음식을 먹은 반려자는 멀쩡한데도 말이다. 응급실에서의 강렬한 기억이 자연스럽게 몸의 반응으로 이어졌나 보다. 몇 번은 지레 겁을 먹고 병원을 찾았는데, 그때마다 별 이상이 없었다. 단순한 신경성이란다.

한 날은 전복장을 먹고 또 속이 뒤집어지기 시작했는데, 그때 반려자가 알약 하나를 주었다. 내가 자주 아프니 사놓은, 복통을 완화시켜 주는 약이라고 했다. 약을 받아먹고 다행히 20분 만에 괜찮아졌고, 하루 종일 컨디션이 아주 좋았다. 오히려 다른 날보다 가뿐한 하루를 보내고 난 저녁, 반려자와 마주 앉았다. 그가 들려주는 이야기에 나는 깜짝 놀랄 수밖에 없었다. 사실 그 약은 평범한 철분 보충제였다는 것이다. 음식을 먹기 전 "먹어도 되겠지?"라고 의심을 하는 날이면 어김없이 복통으로 괴로워했다면서, 심리적 이유로 통증을 느끼고 있으니 같은 방법으로 낫게 할 요량이었단다. 내 몸이 플라시보 효과를 제대로 증명해 낸 셈이다.

새벽에 일어나야 해서 일찍 잠자리에 드는 날 "잠 안 올 것 같은데……"라고 하면 기어코 뜬눈으로 밤을 새우고 나간다. 굳이 걱정을 만들어 입으로 내뱉는 나를 보며 "그렇게 생각하면 더 못 자"라고 반응해 오던 반려자는 어느 날 방법을 바꿔보기로 했단다. 나의 부정적 자기암시만 문제라고 생각했었는데, 문득 '더 못 자'도 암시 조작이라는 생각이 들었다는 것이다. 같은 상황의 다른 날, "오늘 피곤한가 보다. 엄청 졸려 보여"라며 일종의 최면을 걸어보았고, 나는 "그런가?"라고 하더니 샤워 후 바로 잠이 들었다고 한다. "나 엄청 단순한 앤 가봐"라고 말하는 나에게, 자기도 똑같단다. 몸이 피곤한 날 "컨디션이 안 좋을 것 같네"라고 생각하면 기어코 몸살로 이어진다면서, 그럴 때는 부러 아무 생각 없이 평소와 같은 것처럼 노력한다고 했다. 집을 나서기 전 "오늘 멋있다"라는 나의 말을 들으면, 그날따라 길거리 쇼윈도에 비친 모습을 자주 확인하게 된다고 했다. 스스로가 봐도 멋있어서. "우린 모두 최면에 소질이 있어"라는 반려자의 말에 고개를 주억이게 된다.

시험 보기 전 "망할 것 같아"라고 부정적 자기암시를 하게 되면, 괜히 더 긴장이 되어 아는 문제도 틀려 놓고는 "내가 이럴 줄 알았어"라며 자책하게 된다. 수백 번을 읽고 익힌 대사에 "실수하면 어쩌지"라는 의심을 품는 순간 연기에 집중하기 어려워진다. 스스로에게 굳이 저주를 퍼붓는 건 아닐 테고, 불안을 야기하는 습관을 잘못 들인 것이다. 비행기 조종사나 스키 선수에게 "장애물에 부딪치지 말아라"라고 하는 것보다 "길을 따라가라"라고 말하는 게 더 좋은 훈련 효과를 낸다고 하지 않는가. 한 끗 차이인데도 말이다.

타인의 불안한 심리, 상황을 교묘하게 조작해 현실감과 판단력을 흐려지게 만든 후, 자신의 통제 능력을 발휘하는 일종의 정신적 학대를 '가스라이팅'이라 부른다. 존립이 불안해 휘청이는 사람은 늘 위험에 노출되어 있다. 이 용어를 처음 접하고 나는 스스로에게 완벽한 가해자이자 피해자라는 걸 깨달았다. 아플 것 같다고, 할 수 없을 것 같다고, 잘 안 될 거라고. 나를 믿지 못하고 저질러 온 수많은 부정적 자기 암시는 스스로를 통제할 힘을 잃게 했다. 분명한 건, 그럼에도 불구하고 철분제를 효과 좋은 복통 완화제로 둔갑시킨 것 또한 옆 사람의 도움을 받은 '나'라는 사실이다. 긍정 암시와 최면적 언질만으로도 충분히 달라질 수 있는 것인데 굳이 왜 스스로에게 정신적 학대를 가하는가. 가스라이팅에 대처하는 방법 중엔 '끊임없는 의심'이 있다. 누가 어떻게 심어 놓은 것인지, 내가 무엇에 의해 조종되고 있는지 회의적으로 지켜보아야 한다. 타인으로부터 온 것이든, 스스로 만들어낸 것이든 의구심이 든다면 무조건적으로 멀리 떨어져야 한다.

혹여 무르고 연약한 자신을 홀로 지킬 자신이 없다면, 가까운 사람에게 부탁해 보자. 눈치채지 못하게 최면을 걸어 달라고 말이다. 다 괜찮을 거니 안심하라고. 스스로 용기와 평안을 구할 수 있는 바탕을 마련해 달라고. 나 또한 그럴 것이다. 당신이 필요로 한다면 기꺼이 낙관과 희망만을 가득 심어주는 광명의 최면술사가 되어 볼 테다. 가능하다. 우린 모두 최면에 소질을 타고난 사람들이니까.

"내가 너를 모를까 봐?"

서울을 벗어나 지금 살고 있는 곳은, 도시보다 대중교통을 이용하는 게 수월하지 않다. 버스정류장까지 거리도 멀고, 배차시간이 길어 역으로 나가기가 마땅치 않다. 보통은 반려자와 일정을 맞추어 함께 외출을 하고는 한다. 하루는 서울 시내 관공서에 볼 일이 생겨, 마침 나가는 반려자의 차에 동승했다. 일을 마치고 보니, 밤늦게까지 일정이 있는 남편을 꽤 오래 기다려야 할 것 같았다. 평소 같으면 서점에서 책 몇 권을 사 들고 의자가 편한 카페에 머물렀을 텐데, 그 날은 괜스레 부모님 집에 들르고 싶었다. 끝나는 시간에 맞춰 돌아오겠다고 한 후, 차를 몰아 부모님의 집으로 향했다. 언제나 그렇듯 엄마는 밝은 목소리로 반겨주셨다. 뭐 먹고 싶냐는 말에 아빠 퇴근하면 치킨, 피자 세트를 시켜 먹자고 대답한 후 소파에 기대앉았다. "왜 이렇게 피곤해 보여?"라는 엄마의 물음에 오랜만에 운전하느라 긴장해서 그런가 보다고 했다.

이후에도 엄마가 좋아하는 견과류를 함께 까먹으면서 불쑥 "무슨 일인데 그래?"하는 엄마의 염려 섞인 물음이 이어졌다. 지난밤 방영한 예능 재방송을 보면서도 "뭐가 힘들어 딸?"하고 물으셨고, 즐거운 수다를 떨다가도 훅 "엄마한테는 말해도 되는데……"라며 나를 걱정하셨다. 힘든 일이 없다는데도 몇 번이고 지쳐 보인다며 걱정하던 엄마는, 결국 오랜 채근 끝에 "내 속에서 나왔는데 내가 너를 모를까 봐?"라며 화를 내기에 이르렀다. 충동적인 행동 안 하는 애가 약속도 안 해놓고 갑자기 전화하더니 오겠다고 하고, 얼굴은 전보다 수척해졌고, 풀이 죽어 힘이 하나도 없는데 어딜 엄마를 속이려 하냐며 눈시울까지 붉어지시는 것이었다. 당황한 나는, 정말 아무 일도 없고, 그냥 보고 싶어서 왔다고 항변했으나 "갑자기 보고 싶어진 이유가 있을 거 아냐. 내가 너를 모르냐고!"라고 목소리를 높이셨다. 잘…… 모르시는 것 같다. 아니, 당시 난 내가 정말 아무렇지도 않은 줄 알았다.

    그렇게 아빠를 기다리다 소파에서 까무룩 잠이 들었다. 엄마는 이제 슬슬 배달 음식을 주문해야 한다며 날 깨웠다. "웬일로 엄마랑 노는데 낮잠을 자?"라고 묻는 엄마에게, 늦은 시간까지 웹툰과 유튜브를 보느라고 밤에 잠을 잘 못 잤다고 했더니 "거 봐. 뭔 일 있고만"이라고 말씀하셨다. 아기 때부터 잠 하나는 끝내주게 잘 잤다던 나는 워낙 잠이 많아 조금이라도 부족하다 싶으면 낯빛이 확 달라졌다. 아침에 외출 준비를 하며 수 분 동안 거울을 보았음에도 눈치채지 못했던 내 컨디션을 엄마는 보자마자 알아챘던 것이다. "그러게. 내가 잠을 잘 못 잤구나."

그날 밤부터 일찍 자려고 휴대폰을 놓고 나서야 진짜 문제를 발견할 수 있었다. 당시 소속된 회사와 방향성이 맞지 않아 회사를 옮기고 싶어 고민 중이었다. 계약기간이 남아 있는데 괜히 이른 걱정을 하고 싶지 않아서 신경을 옮길 만한 다른 일을 찾아 잠시 피해 있던 것이다. 낮엔 집안일을 하고, OTT 드라마를 보고, 책을 읽고, 게임을 하며 생각을 쫓아냈고, 밤에는 웹툰과 유튜브에 매달려 며칠간 잘 숨어있었는데, 휴대폰을 내려놓자마자 해결되지 않은 문제들이 다시 고개를 들어 압박해 왔다. 다음 날, 날이 밝자마자 회사 임원과 미팅을 요청해 근본적인 문제에 대한 해결을 한 후에야 편히 잠을 잘 수 있었다.

나도 모르는 내 문제를 엄마는 어떻게 그렇게나 단숨에 파악할 수 있었을까. 나의 불안과 균열을 어떻게 나보다 빨리 발견해 낼 수 있는 걸까. 애서 감동적인 멋진 단어를 찾을 필요 없었다. 사랑이다. 완전무결한 사랑과 관심이다. 어딘가 어긋난 나를, 미쳐 신경 쓰지 못한 나의 구석구석까지도 살펴주는 이가 있다는 것은 형언할 수 없을 정도로 벅차게 감사한 일이다. 나도 엄마가 모르는 엄마를 알아볼 수 있을까?

언젠가 통화를 하다 엄마에게 하는 잔소리가 너무 늘었다며 서운해하신 적이 있었다. 무료해 하는 엄마에게 취미를 만들어 보라고 다그쳤던 거 같다. 이왕 말이 나온 김에 몇 마디 덧붙여 꾸준한 운동을 하라고, 아낀다고 꽁꽁 싸매지 말고 먹고 싶은 거, 가보고 싶은 곳, 배우고 싶은 게 있으면 비용을 거들 테니 도전해보라고. 나는 잘 지내고 있으니 제발 내 걱정은 말고 엄마, 아빠만 생각하라고, 부모님이 건강하고 행복하게, 편안히 지내는 게 나한테 제일 큰 선물이라고 설교 조의 말을 한참이나 쏟았었다. "그래, 그럴게. 고마워"라고 답한 엄마의 목소리가 어땠는지 잘 기억나지는 않는다. 알아챘어야 했다. 내 소리를 낼 것이 아니라 엄마의 마음을 들었어야 했다. 나의 사랑은 엄마의 것에 비해 한없이 왜소하고 둔한가 보다.

하지만 나도 알 수 있다. 아무렴, 그녀의 몸에서 나온 내가 모를까 봐? 보려고 해야 보이고, 들으려 해야 들린다고 했다. 이미 많은 것들을 알고 있으니, 노력과 관심을 더해 집중하면 내 사람들의 안까지 꿰뚫는 투시자가 될 가능성이 충분히 있지 않겠는가. 티끌까지 발견해 보듬고 안아주리라. 기필코 사랑하며 살 것이다.

"나도 너무 좋아해"

입에 잠시 머물게만 해도, 심상을 떠올리는 것만으로도 무장해제 시키는 표현이나 문장들이 있다. 나에게는 "좋아해"가 그렇다. 관심과 사랑을 나타내는 수많은 표현 중 "좋아한다"만큼 비근하게 쓰이면서도, 질리지 않고 신선함을 유지하는 문구가 있을까? 참 선물 같은 문장이다. 과하고 무겁지는 않으면서도 정확한 방향성을 띠고 온전히 마음을 드러낸다. 말랑하고, 따듯하고, 해사하고, 상황에 따라 감동적이고 행복해진다.

대학교에 입학하자마자 같은 과의 선배를 좋아하게 되었다. 바라보기만 해도 몸이 배배 꼬아지고, 대화를 이어 나갈 자신도 없으면서 괜히 근처에 머무는 시간이 길어졌다. 봄이라 부르기엔 아직 칼바람이 매서운 3월 초의 MT 날, 선배를 마주하고 있는 내 심장이 빠르게 뛰어서인지 날씨 때문인지, 달달 떨리는 입술을 가까스로 진정시키며 "선배님을 좋아해요"라고 고백했다. 내 인생 첫 고백이었는데, "좋아한다"라는 뻔한 표현을 쓸 것이라고는 상상도 하지 못했다. 하지만 풋내가 가득한 짝사랑의 청아함, 딱 그만큼 적절하고 정확한 단어는 없었다. 내 입에서 나온 그 짧은 문장과 함께 추위가 걷히고 봄이 시작된 기분이었다.

W의 공연을 보기 위해 오랜만에 친구들이 모였다. 공연 후 시원한 맥주와 치킨을 즐기고 있는데 누군가 W에게 인사를 건넸다. 자세히 보니 무대에서 본 W의 상대 배우 S였다. 공연을 잘 보았다는 짧은 인사가 오가고, 그는 잠시 우리 테이블에 머무르게 되었다. 주제가 바뀌며 이런저런 대화가 이어지던 도

중, 묘한 기류가 형성되기 시작했다. 봄, 가을 등산을 좋아한다는 S의 말에 W가 "나도 나도!"라며 신나게 반응하는 것이다. 운동은커녕 걷기조차 귀찮아하는 그녀가 말이다. 생경한 W의 행동에 우리는 이리저리 눈동자를 굴려댔다. 불과 30분 전 밀가루 절제 다이어트를 한다고 떡볶이는 절대 안 된다며 극구 만류해 우리를 서운하게 했던 그녀는, S가 해물떡볶이를 추가로 주문하자 "오오, 맛있겠다!"라며 두 손을 모았고, 지난 10여 년 동안 흑맥주 마시는 걸 단 한 번도 본 적이 없는데 S를 따라 주문하며 "나도 너무 좋아해!!!"라고 흥분하는 것이다. S의 모든 말에 공감과 긍정의 반응을 참지 않는 W를 보며 나를 비롯한 그 자리의 모든 친구들은 새어 나오는 웃음을 참느라 애꿎은 맥주잔만 들었다 내려놨다 반복했다.

S가 자리를 뜨자마자 모두가 기다렸다는 듯 득달같이 W에게 달려들었다. 오랜 연애를 하다 이별을 맞이하고 상처가 심했던 W가 아픔을 딛고 누군가에게 관심을 보인다는 것은 그녀를 지켜봐 온 우리에게

굉장히 반가운 일이었다. 손사래를 치며 부인하는 W에게 목격한 그대로를 복기해 주었다. S가 좋아하는 것이라면, 이 세상 모든 것을 함께 할 각오가 되어 있는 사람 같아 보였다고. 본인의 행동을 이제야 인지했는지 금세 얼굴이 붉어진 그녀는, 시원하게 맥주를 들이켜고는 말했다. "미쳤다. 미쳤다. 나 그 사람 좋아하나 봐." 그런 그녀를 보며 우리는 모두 같은 표정이 되었다. 눈은 가늘어지고, 콧구멍을 한껏 넓혔으며 입꼬리는 광대를 힘껏 밀어 올렸다.

좋아함에는 긍정과 호의에서 시작된 동감이 생생하게 담겨 있다. W처럼 자신의 마음을 눈치채지 못했더라도, 여러 번 표현하고 입 밖으로 내뱉다 보면 어느새 동기화되어 차츰 깨닫게 되는 것이다. 이성적인 감정이 아니더라도 마음이 향하는 사람과 결과 리듬을 맞추고 싶을 때엔 공감과 이해를 보낸다. 나의 호감정을 드러내는 부드럽지만 선명한 방법이다. 내가 좋아하는 영화, 음악, 책 등을 공유하고 상대도 동조해 주면 그렇게 기쁠 수가 없다. 마음을 활짝 열어 더 많이 나누고 싶어진다. 자연스레 친밀감이 생겨 더 가까워진다. 동호회나 커뮤니티들이 줄기차게 생기는 이유도 이 때문이 아닐까.

'같은 것을 좋아한다'에서 비롯된 감정적 동화도 서로 간의 거리를 좁히고 깊어지게 하는데, '서로를 좋아한다'는 것은 얼마나 기적적이고 벅찬 일인가. 얼마나 본질적이고 충만해지는 감정인가. 여러 번 떠올리고 써도 그때마다 손끝, 발끝까지 간질이는 닳지 않는 문장을 발견해냈다면 마음껏 많이 내어놓기를 바란다. 소진되지 않는 무한의 두근거림이라는 확신이 생기면, 그때부터는 온전한 나의 문장이자 표현이 되는 것이다. 나는 언젠가부터 문득문득 나의 사람들에게, 나의 고양이들에게, 나의 모든 것들에게 좋아한다는 말을 망설이지 않게 되었다.

고백하건대, 지금의 반려자를 처음 만났을 때는 기적 같은 감정 일치에 대한 감사함을 충분히 가지지 못했다. 순식간에 강렬한 불꽃이 일어나 이 말랑한 감정을 느낄 새도 없이 바로 사랑에 빠져들어 건너뛰기를 해버렸다. 세상의 모든 감정은 언젠가 익숙해지고 변하게 마련이다. 모든 만남과 이별이 그랬던 것처럼. 사랑이라고 생각했던 감정은 금세 모양이 바뀌고 온도가 달라졌다. 무서울 정도로 빨랐던 속도가 점차 완만해지면서 중독적이었던 사랑의 표현에 질리고 지치는 게 느껴졌다. 그때마다 몇 번이고 우리의 처음을 다시 떠올렸다. 나는 이 사람의 어떤 면을 좋아했었지? 그때의 내 마음이 어땠지? 내가 생각하는 가장 기본적인 시작, 절대 질리지 않을 감정들에 질문을 하다 보면, 그때마다 다시 새롭게 두근거린다. 가끔 반려자에게 건너뛰었던 고백을 툭 던지고는 한다. 많이 좋아한다고. 그때마다 돌아오는 대답은 아무리 들어도 물리지 않고, 항상 좋아 미치게 만든다.

"나도 너무 좋아해."

Letter 4.
"별일 없으시죠?"

별일 없으시죠? 당신에게 안 좋은 일이 없었으면 하는 바람으로 물었습니다. 아픈 곳은 없는지, 하시는 일은 무탈하게 잘 진행되고 있는지, 평안한 일상에 돌발 상황이 생겨 당황하지는 않았는지, 걱정과 염려를 담아 "네, 별일 없어요"라는 편안한 대답이 돌아오길 기대하며 여쭈었지요.

"별일이 있어야 하는데 없어서 무료해요"라는 대답을 듣고는 머릿속에 불이 탁하고 켜진 느낌이었습니다. 늘 똑같으면 무슨 재미로 사냐는 당신의 말에 웃음으로 대응하면서도 점등된 불에 눈이 부셔 한참 동안 멍했어요. 우린 매일 다른 날을 살고 있습니다. 날씨가 좋거나 나빠서, 공기가 차거나 더워서, 잠에서 깨어나 가장 먼저 한 생각에 따라서도 하루가 너무나 다르게 흘러갑니다. 절대 똑같을 일도 없을뿐더러 같아서도 안 되지요. 우린 사람이니까요.

시간은 모두에게 공평하게 주어지지만 당연하게도 모두에게 같은 시간은 아닙니다. 절망에 빠진 사람에게는 견디기 힘든 날이었을 수도 있고, 희망과 기대를 가진 사람에게는 설레는 날이었을 수도 있죠. 좋지 않은 일이 겹쳐 빨리 지나가 버렸으면 하는 시기일 수도 있고, 행복감이 가득해서 계속 유지가 되길 바라는 때일 수도 있습니다. 누군가에게는 특별한 계기와 별다른 일이 있어야만 전환이 되고, 따분하고 갑갑하지 않게 변화해야만 지속 가능한 삶일 수 있겠네요. 별일이 꼭 나쁜 일만은 아닌 거죠. 그 점을 간과했어요. 저 또한 마찬가지인데 말이죠.

별일이라는 게 별거인가요. 우연히 읽은 책에서 받은 위로, 누군가와의 대화에서 떠오른 심상들이 별일로 다가오기도 하죠. 골머리를 앓던 일이 해결될 때, 상상치도 못했던 성과가 생기는 일, 목적 없이 찍은 셀카가 인생 사진으로 남은 경험, 반려견의 배변 훈련에 성공한 일. 우연히 들어간 밥집이 알고 보니 유명한 맛집이라든지, 사소할지라도 매일이 별일의 연속입니다. 그래서 우리의 매일은 모두 다르고 늘 새롭습니다.

그러고 보니 제가 늘 떠올리며 궁금해하고 걱정하는 그대에게, 별일이 없냐고 묻는 건 저의 애정을 표현하기에 턱없이 부족하다는 생각이 듭니다. 요행을 바라는 건 아니지만 대부분 어제보다 더 나은 하루가 되길 기대하고 있을 거예요. 아무 일도 일어나지 않고 안주하는 상태에선 더 나아지기란 쉽지 않죠. 별일이 없이 늘 똑같은 하루가 반복된다면 얼마나 심심하고 권태로울까요? 사랑하는 당신에게 별일이 없길 바라는 게 축복일까요, 악담일까요?

근데 별일이 없을 수 있나요? 하루에 수백 개씩이나 새로운 뉴스가 등장해요. 일상의 바깥 편에도 참 많은 일들이 생기네요. 어제까지 심각하다가 갑자기 사라진 것들도 많고, 하루아침에 왜곡되고 변형되는 일들도 있어요. 계속 변이를 해가는 바이러스처럼요. 매일을 넘어 매시간, 매분이 다릅니다. 잠깐 한눈을 팔면 어떤 일이 벌어지고 있는지 전혀 파악이 안 되기도 해요. 모른 척 살아갈 수 있나요? 우주에서 일어나는 일들도 우리에게 간접적인 영향을 미치는데 지구 반대편에서 일어나는 일들을 외면할 수 있나요? 같은 별에 살고 있다는 것만으로도 연결되어 있음을 느끼는데 말이에요. 정말 별일이 없을 수 있을까요? 작다면 작은 한 나라 안에 지금 일어나는 수많은 일들도 모조리 별일투성인데요. 별일이 없어도 마음이 편할 수 있으려면, 어쩌면 지금보다 더 많은 일들이 일어나야 할 것 같아요. 부지런히 변해야 할 게 많거든요. 맞아요. 아직 무료하면 안 되는 거였네요. 걱정이네요. 계속 별일들이 있어야 하는데 말이죠.

당신은 어떤가요? 뭐라고 안부를 여쭈어야 할까요? 어떻게 물어야 당신의 요즘을, 당신의 생각을, 당신의 마음을 편하게 들려주실래요?

*
 *
*

Interview _____

Q. 『나를 만든 말』을 쓰시게 된 계기가 있을까요?

A. 글과 말을 사랑하여, 언젠가 꼭 '말'에 대한 '글'을 써보고 싶다고 막연하게 생각했었어요. 작년 초, 필름 출판사와 연이 닿아 두 번째 책을 집필할 용기가 생겼고, 그때 "하고 싶은 말을 잘 하지 못하는 사람들을 위한 책"을 쓰겠노라 마음먹었습니다. 이 계기를 빌어 조심스러운 성격상 평소 내뱉지 못했던, 묵고 쌓인 이야기들을 실컷 풀어내 보고자 하는 욕심이 스멀스멀 피어올랐었습니다. 하지만 말을 글로 쓰면서도, 있는 대로 피력하지 못하고 망설이거나, 혹은 오해가 빚어질까 하는 걱정에 첨언들이 길어지면서 난항을 겪었습니다.

그러다 문득 "왜 이렇게 말하는 게 힘들까?"라는 물음에 도달했고, 몇 번의 자문과 연역을 통해 나름의

이유를 도출할 수가 있었어요. 저는 '말'이 주는 의미와
무게에 엄청난 영향을 받는 사람이었습니다. 그래서
지체 없이 작금의 '나를 만든 말'들을 찾아 나섰습니다.
분명 '어떤 말들'이 그동안의 저를 키워내고, 실재하게
했습니다. 지금의 나를 만든 구성 성분들이 어떻게
짜였는지, 간혹 왜 엉켜있는지 알게 되면 조금은 덜
서툴게, 꽤나 만족스러운 삶을 영위할 수 있을 것
같았습니다. 곪아 터지기 직전인 '하고 싶은 말'을
꼭 내뿜지 않더라도요. 그리고 제 글을 읽는 비슷한
심상의 누군가도 자신에게 머문 말들을 들여다보고,
미량의 위안과 온정을 얻었으면 좋겠다고 생각했어요.

**Q. 『나를 만든 말』을 읽고 '말'이라는 것에 대해 다시금
생각하게 되는 것 같아요. 그렇다면 소율 님에게
'말'이라는 것은 어떤 의미일까요?**

A. 저의 한 부분을 송두리째 끌어안아 자리를 차지한
말들도 있고, 그 어떤 노력으로도 절대 희석되거나
회복되지 않을 상처를 남긴 말들도 있습니다. 너무
쉽고 편하게 늘 함께하는 소통 수단이기 때문에 깊게

생각해 볼 시간이 많지 않을 수도 있습니다만, 생각해 보면 우리 모두에게는 틀림없이 말로 인해 시작된 무언가가 있을 거예요. 그 시작이 희망일 수도, 절망일 수도 있지만 확실한 초석이 되어 주었습니다. 어떤 말은 완벽한 끝을 통고하기도 하고요. 그 통고는 한순간에 나락으로 떨어뜨리기도 하고, 이루 말할 수 없는 개운함을 선사하기도 합니다.

한 음절 한 음절 간절히 고대하게 되는 말이 있고, 절대 듣고 싶지 않은 재난 같은 말들도 있어요. 말 한마디가 누군가의 하루, 일주일, 몇 년, 어쩌면 평생의 정서를 좌우하기도 합니다. 말은 아름답고 소중하지만, 늘 날이 서 있고 서슬이 퍼렇습니다. 가끔 칼끝에 독이 묻어 있기도 하잖아요. 저에게 있어 말은 칼이에요. 누군가를 살리기도, 반대가 되기도 하니까요. 모두를 지키는 방어적 용도로도 쓰이지만, 막 휘두르면 살상 무기가 됩니다. 어떻게 쓰는 게 모두에게 이로울까요?

Q. 『나를 만든 말』에 담긴 모든 말이 특별하시겠지만, 그래도 유독 더 깊이 소율 님에게 와닿은 말은 무엇이었나요?

A. 말씀하신 대로 책에 담긴 모든 말이 소중하고 특별합니다만, 꼭 하나를 꼽자면 단연코 마지막에 풀어쓴 "좋아해"입니다. 좋아함엔 가치관이 담기기도 해요. 좋아하는 것이 무엇이냐에 따라서 삶의 방향이 달라지기도 하고요. 좋아하는 것들을 동경해 좇으며 살다 보면 생활의 만족도가 높아지는 경험을 합니다.

여행을 좋아해요? 새로운 환경과 공기를 온몸과 마음으로 느끼며 매 순간 여러 가치들의 또 다른 의미를 발견할 수 있을 것 같아요. 운동을 좋아하세요? 당신은 부지런한 건강함을 추구하는군요! 돈이 좋아요? 맞아요. 싫어하는 사람이 어디 있겠어요. 많이 벌면 행복할 것도 같아요. 당연히 정당한 방법으로 노력하고 있으시겠죠? 어디에 쓸 거예요? 돈을 잘 쓰려면 좋아하는 또 다른 걸 찾아 나설 수도 있겠네요. 아, 사람을 좋아해요? 다른 이와 함께 하는 대화, 자리가 즐겁겠어요. 그 사람을 좋아하나요? 이왕이면 그이도 당신이란 사람을 좋아하면 참 좋을 텐데요.

혹시 좋아하는 게 뭔지 모르겠는, 아무리 생각해 봐도 없는 것 같다고 하는 분들도 있을지 몰라요. 괜찮아요. 열심히 사느라 잠깐 지쳐서 멀어져 있는 거예요. 지금 이 순간 아주아주 작은 거라도 꼭 떠올려 보셨으면 좋겠어요. 겨울을 좋아하나요? 정말 다행인 축복이네요. 적어도 1년 중 3개월은 가장 좋아하는 계절 안에 있을 수 있잖아요. 점점 지구의 온도가 올라간다고 하던데, 겨울을 빼앗기지 않도록 조심해야겠어요. 하얀색을 좋아하나요? 짙은 때가 묻지 않게만 주의를 기울이면 늘 환하게 아름다울 수 있을 것 같아요.

'좋아하는 것'들을 위해 지금 내가 할 수 있는 건 뭐가 있을까요? 어렵지 않은 간단한 것이라도요. 오로지 날 위해 행하는 것이라도 좋아요. 좋아하는 것들을 자주 표현하다 보면 욕망이 충족되어 만족이 친근해져요. 내 삶의 질이 조금이라도 흡족한 상태가 되면, 그 어떤 욕심쟁이 일지라도 유연한 여유가 생겨 주위를 둘러볼 아주 작은 틈이 생길 거예요. 그렇게 모인 여러 사람의 틈들을 이어 붙이면 꽤 넓은 공간이 생길 것도 같은데, 그 안은 참 따듯할 것 같아요. 그렇죠? 혹여 '좋아하는 것'을 상상하기도 버거운, 입에 올리기조차 힘든 사치라고 생각하는 누군가가 있다면, 우리 만든 틈새의 온실 안에 들여볼 수도 있지 않을까요? 그럼 우리 모두 같이, 함께 살기 위한 세상이 조금이라도 더 '좋아'질 것 같은데...

당신에게, 그리고 스스로에게 새롭게 묻고 싶어요.
"무엇을 좋아하세요?"

Q. 올해 소율 님을 만든 말은 무엇이었나요?

A. 어떤 면에선 염세적으로 보이기도 하고 자칫 허무주의에 빠질까 봐 멀리했었던 말인데, 본문의 한 꼭지처럼, 생각을 전환하면서 좋아진 말이 있어요.

"생은 유한하고, 결국 나는 광활한 우주의 점 속 티끌일 뿐."

어떤 상황에서 누구에게서 나온 말이냐에 따라 의미가 너무나 달라지겠지만, 저는 올 한 해 부정적

기운이 발목을 붙잡아 불안의 구덩이로 끌어내리려
할 때마다 적용한 말이에요. 노력해 온 일들이
물거품이 되어 눈앞에서 사그라들 때, 세상이 무너지는
것처럼 캄캄해질 때, 당장 해결되지 않는 문제로
인해 스트레스가 한계치에 도달할 때. 주저앉아
울 시간조차 허락되지 않아, 어떻게든 빠르게 다시
일어서야 하는 상황이 겹쳐지면 "별거 아니다. 이쯤은
아무것도 아니다"를 되뇌며, 유한한 생의 마지막 날에
떠오르지도 않을 작은 일이며, 하물며 무한한 공간
속 미물로 존재하고 있는 마당에 그 어느 시점으로도
인식조차 되지 않을 만큼 초미세한 균열일 뿐이다.
부러 자기중심적으로 생각한다 하더라도 나만의
우주를 품고 있는 거대한 나에게 이 순간은 찰나일
뿐이라고 마음을 다스려요.

어쩔 수 없는 인간의 작은 마음으로 타인에게
질투심이나 시기심이 느껴질 때, 이를 넘어 열패감과
열등감으로 치달아 자존감이 수직 하강할 때도
마찬가지입니다. 아주 조금이라도 떨어져 보면 저
사람이나 나나, 티끌이다. 같은 티끌끼리 견주어봤자

무엇하리. 나는 나대로 살면 된다. 생각만으로 잘 안 되면 유튜브로 우주 영상을 봐요. (내셔널 지오그래픽 다큐멘터리 '스티븐 호킹의 지니어스'를 추천합니다.) 숨을 고르다 마음이 잔잔해지면 한 번 더 마음의 길을 정립합니다. 내가 상상할 수 있는 최대 폭과 너비도 멀리서 보면 샤프심 끝으로 살짝 찍어 놓은 작은 먼지에 불과하니, 그 어디에 빗대어 스스로를 옥죄거나, 평가하거나 가늠하지 말자고요. 내 안의 빈 공간이나 알차게 채우며, 태어난 김에 나름의 내 그릇과 기준에 맞게 잘 살자고요. 어쨌든 늘 "잘 살아내자"로 귀결되긴 합니다.

Q. 책 속 '레터'가 인상적이었는데, 혹 레터를 쓰실 때 수신인을 특정해두고 쓰셨는지 궁금해요.

A. 수신인은 글을 읽으시는 독자분들을 상상했습니다. 저의 속도로 관계를 잇는 흐름을 자연스럽게 담으려 했어요. 처음 만나 존재를 인식한 후, 재회했을 때의 어색한 반가움을 지나, 거리가 조금 더 좁혀지면 끼니를 묻고, 결국 당신의 일상과 생각이

궁금해지는 과정을 더딘 시간차로요. 각 장마다 제 이야기를 털어놓으며 읽는 분과 가까워지고 있다고 생각했습니다. 마지막 안부를 물으며 다시 첫 물음으로 돌아갑니다. "어떤 말이 지금의 당신을 만들었나요?" 부디 저의 마지막 편지를 받으신 후에 처음 여쭌 말의 대답이 조금이라도 긍정적으로 기울었길 소망하면서요.

Q. 이 책을 함께할 독자분들에게 전하고 싶은 말은 무엇인가요?

A. 우린 서로 영향을 주고받으며 공존하고 있습니다. 타인의 마음을 만지기란 참으로 어려운 것 같으면서도 너무나 쉬운 일이기도 해요. 여러 말들로 인해서요. 너무 편리하고 간단해서 악용하는 사람들이 있으니 경계도 필요하지만, 충분한 진심을 바르게 담는다면 정말 많은 것들을 바꿀 수 있으니 희망적입니다. 나쁜 말들만 빠르게 번진다고 믿지 않습니다. 좋은 말들도 풍성하게 퍼져나갔으면 좋겠습니다. 아주 소소한 마음 씀과 작은 노력으로 타인을 배려하고 깊이 품을 수

있으리라 생각합니다.

수많은 말들이 허공을 떠다닙니다. 어떤 말을 잡아 여백을 채우고 싶으신가요? 혹은 나의 말이 누군가를 구성하는 원소로 남는다면 그 말은 어떤 촉감이길 바라시나요?

저의 나직한 글과 말들이 당신과 저 사이에 아기자기한 대화의 시간이 되었길 바라봅니다. 우린 앞으로 또 어떤 이야기를 나누게 될까요? 다음 담소의 시간을 기다리겠습니다. 물론 당신이 승낙해 주신다면요.

나를 만든 말

초판 1쇄 발행 2023년 01월 25일

지은이 신소율
펴낸이 김기용 김상현

편집 전수현 김승민   **디자인** 이현진
마케팅 김지우 김정아 조아현 송유경 성정은 박지훈   **경영지원** 홍성현 정주연

펴낸곳 (주)필름
등록번호 제2019-000002호   **등록일자** 2019년 01월 08일
주소 서울시 영등포구 양평로30길 14, 세종앤까뮤스퀘어 907호
전화 070-8810-6304   **팩스** 070-7614-8226
이메일 book@feelmgroup.com

필름출판사 '우리의 이야기는 영화다'

우리는 작가의 문체와 색을 온전하게 담아낼 수 있는 방법을 고민하며 책을 펴내고 있습니다.
스쳐가는 일상을 기록하는 당신의 시선 그리고 시선 속 삶의 풍경을 책에 상영하고 싶습니다.

홈페이지 feelmgroup.com   **인스타그램** instagram.com/feelmbook

© 신소율, 2023

ISBN 979-11-966171-6-5(03810)

- 이 책 내용의 일부 또는 전부를 재사용하려면 반드시 필름출판사의 동의를 얻어야 합니다.
- 책값은 뒤표지에 있습니다. 잘못 만들어진 책은 구입처에서 교환해 드립니다.